AF317688

F. 2919.

STATUTS,
ORDONNANCES,
ARRESTS
ET
REGLEMENS
DES MARCHANDS
CHANDELIERS

DE LA VILLE FAUXBOURGS ET BANLIEUE DE ROUEN,

A eux accordés par CHARLES IX, HENRY IV, LOUIS XIII.
& LOUIS XV.

F. 2795.
chand.

A ROUEN,

De l'Imprimerie de LAURENT DUMESNIL, ruë aux Juifs,
à la Justice triomphante.

M. DCC. XLV.

STATUTS

ET

REGLEMENS

Recuëillis & Imprimés en 1745.

PAR LES SOINS ET L'ORDRE

DE MESSIEURS

GUILLAUME LE COINTE, THOMAS CHAPELLE, JEAN-THOMAS PAIN, & FRANÇOIS DOUARD, Gardes en Charge de la Communauté des Marchands Chandeliers de la Ville, Fauxbourgs & Banlieuë de Rouen.

TABLE
DES TITRES

DES Ordonnances, Lettres Patentes, Arrests, Réglemens & Sentences contenus au present Recuëil.

Mois. *LETTRES PATENTES obtenuës par les Marchands Chandeliers, portant Confirmation de leurs Statuts de l'année 1291, données à Paris au mois de May 1403, regiſtrées au Siége de la Vicomté de Rouen le 5 Janvier 1454.* Page premiere.

1572.

12. *Sentence du Bailliage de Rouen, contenant*
Février. *l'Enumération des Marchandiſes que les Marchands Chandeliers ont pouvoir de vendre.* Page 12.

1599.

5. Mars. *Ordonnance rendüë par les Commiſſaires ordonnez par le Roy, en la Cour de Parlement de Rouen, confirmative de la Sentence du Bailly de Rouen du douze Février mil cinq cens ſoixante & douze.* Page 13.

a

TABLE.

Mois.   1600.

5. Octobre. *Sentence renduë au Bailliage de Rouen, portant Réglement entre les Épiciers & les Chandeliers.*   Page 14.

1601.

11 May. *Arrest de la Cour de Parlement de Rouen, Confirmatif de la Sentence du cinq Octobre 1600.*   Page 17.

Lettres Patentes de Confirmation des Arrests & Réglemens obtenus par la Communauté des Marchands Chandeliers, données par Henry IV. à Rouen au mois de Septembre 1603.   Page 20.

1614.

24. Janvier. *Arrest de la Cour de Parlement de Rouen, rendu entre la Communauté des Marchands Chandeliers & celle des Vinaigriers, qui maintient les Chandeliers dans la liberté de vendre du Vinaigre.*   Page 23.

1615.

2. Juillet. *Arrest de Parlement de Rouen qui permet aux Marchands Chandeliers d'acheter du Bois aux Parcs & Ventes des Foréts, hors la Vicomté de Rouen, pour l'usage de leur Métier.* P. 30.

1620.

21. Octobre. *Arrest du Conseil Privé du Roy, entre les Vinaigriers & les Marchands Chandeliers, qui renvoye au Parlement de Rouen, pour être fait Réglement entre les deux Communautez.* P. 32.

1621.

18 May. *Arrest du Parlement qui ordonne l'exécution de l'Arrest du 24 Janvier 1614.*   Page 36.

TABLE.

Mois. *Lettres Patentes obtenuës de Louis XIII. portant Confirmation des anciens Statuts & Réglemens de la Communauté des Marchands Chandeliers, données à Paris le six de Mars mil six cens vingt-deux.* Page 40.

1631.

20. No-vembre. *Sentence renduë en Bailliage à Rouen, portant Confiscation de Chandelle étrangére.* Page 42.

1644.

8. May. *Arrest du Parlement portant défenses à toutes personnes de vendre, ni d'acheter aucuns Suifs qu'ils n'ayent été exposez vingt-quatre heures sur le Port, & marquez par les Marchands & Gardes Chandeliers.* Page 45.

1652.

29. Jan-vier. *Arrêt de la Cour de Parlement de Roüen, qui fait défenses de mettre les Suifs, provenans de l'Abatis de la Province, en barils, ni de les énarrer hors de la Province ; mais de les vendre au Marché.* Page 49.

1656.

15 Mars. *Arrêt du Parlement de Roüen, qui permet aux Marchands Chandeliers d'acheter des Vinaigres des Maîtres Vinaigriers, & autres Marchands Forains, pour iceux revendre à petite mesure seulement, jusques & compris la chopine, faisant la moitié du pot, mesure de Roüen.* Page 53.

1664.

19 Août. *Arrêt de la Cour de Parlement de Roüen, qui fait défenses aux Epiciers de la Ville de*

TABLE.

Mois. *Roüen de faire Revente d'aucunes Chandelles,*
Bois, ni même d'aucun Beure, autrement qu'en
pot, & non en détail. Page 56.

1666.

19 Mars. *Sentence de la Vicomté de Roüen, qui fait*
défenses à tous Marchands de faire mettre en
Seulle aucuns Suifs venans par Mer ou par
Terre, qu'il n'ait posé pendant vingt-quatre
heures sur les Quais de cette Ville, & être
visitez par les Gardes, suivant les Réglemens;
sous peine de Confiscation. Page 58.

1669.

8 Août. *Arrêt de la Cour de Parlement de Roüen,*
qui fait défenses de marquer les Barils de Suif
d'une autre Marque que celle du Païs d'où ils
viennent. Page 61.

1678.

21 Mars. *Arrêt de la Cour de Parlement de Roüen,*
qui permet aux Marchands Chandeliers de vi-
siter les Ciriers-Apoticaires & Blanchisseurs
de Cire, après en avoir obtenu un Mandement
du Juge, & fait défenses de mêler du Suif
avec de la Cire. Page 64.

1681.

27 Sep- *Sentence renduë en la Vicomté de Roüen,*
tembre. *qui fait défenses à toutes personnes de faire*
venir de la Chandelle œuvrée hors le Royaume.
Page 70.

1683.

24 No- *Arrêt de la Cour de Parlement de Roüen,*
vembre. *qui maintient les Marchands Chandeliers dans*
la Revente des menus Grains. Page 73.

1701.

TABLE.

Mois.   1701.

9 Mars.   *Sentence renduë au Siége de la Police du Bailliage de Roüen, qui maintient les Marchands Chandeliers dans la Revente du Vinaigre.*   Page 80.

28. Avril.   *Arrét de la Cour de Parlement de Roüen, qui fixe le nombre des Revendeurs & Revendereſſes de la Ville, Fauxbourgs & Banlieuë de Roüen à deux Cens, leur fait défenſes de vendre aucuns Beures, ni Avoine, ni en gros ni en détail; & qu'ils ſeront reçus en la preſence des Gardes Chandeliers, ou eux duèment apelez.*   Page 86.

1708.

10 Mars.   *Arrét de la Cour de Parlement de Roüen, qui maintient les Marchands Chandeliers dans la Revente des menus Grains.*   Page 99.

1740.

24 Décembre.   *Sentence renduë au Siége de la Police du Bailliage de Roüen, qui fait défenſes à tous les Maîtres de la Communauté des Marchands Chandeliers, de faire de la Chandelle des Rois de quelque façon qu'elle ſoit, & d'en donner à l'avenir; ſous la peine d'Amende ci-deſſous portée.*   Page 106.

1743.

29 Juillet.   *Arrét de la Cour de Parlement de Roüen, qui permet aux Gardes Chandeliers de faire des Saiſies & Aprochemens, vertu de leur Commiſſion de Gardes, & ſans qu'il ſoit beſoin de Requéte, tant ſur les Maîtres particuliers*

b

T A B L E.

Mois. de leur Métier , que fur les Marchandifes expofées publiquement en vente par Gens fans
qualité , foit dans la Ruë , foit dans les Boutiques ouvertes feulement.   Page 111.

Articles de Statuts nouveaux , pour fervir
de Loi aux Marchands Chandeliers , arrétez
le 23 Août 1738.   Page 117.

Lettres Patentes de Confirmation defdits
Statuts , données par Loüis XV. à Paris le
29 Août 1738.   Page 130.

1745.

14   Arrét de la Cour de Parlement de Roüen,
Juillet. rendu fur la Vérification defdits Statuts &
Lettres Patentes , entre lefdits Marchands
Chandeliers , les Apoticaires - Droguiftes - Ciriers - Epiciers , les Marchands de Grains ,
les Vinaigriers & les Bouchers , Opofans à
l'Enregiftrement.   Page 133.

21 Août. Arrét de la Cour de Parlement , portant
enregiftrement des Statuts & Lettres Patentes de 1738.   Page 166.

26 Août. Sentence renduë au Siége de la Police du
Bailliage de Roüen, portant enregiftrement des
Statuts, Lettres Patentes , & Arrét de la
Cour du Parlement de Roüen en fon Greffe.
                                          Page 168.

28 Sep-   Procès - verbal d'Affiches defdits Arréts &
tembre. Sentence rendus en mil fept cens quarante-
cinq.   Page 170.

TABLE

Mois.   1745.

6.   Procès Verbal concernant les motifs du Chef-
Octobre. d'œuvre de la Communauté des Marchands
Chandeliers , arrêté dans la Sale de ladite
Communauté , lieu de leurs Assemblées ordinai-
res , en presence de Monsieur le Lieutenant Gé-
néral de Police , de Monsieur le Procureur du
Roy & des Maitres & Gardes qui ont si-
gné.   Page 172.

16.   Sentence renduë au Siége de la Police du
Octobre. Bailliage de Rouen , qui ordonne que le Chef-
d'œuvre des Aspirans à la Maîtrise de Marchand Chandelier en cette Ville , sera fait à
l'avenir dans la Maison du Garde Comptable ,
lequel sera tenu de fournir audit Aspirant gratis
toutes les Ustenciles nécessaires pour ledit Chef-
d'œuvre , & que lesdits Aspirans seront tenus
de se fournir à ce trois cens de Suif en branche de Bœuf & Mouton , &c.   Page 174.

Fin de la Table.

LETTRES

LETTRES PATENTES
DE CHARLES IX.

OBTENUES par les Marchands Chandeliers de la Ville & Fauxbourgs de Rouen.

PORTANT *Confirmation de leurs Statuts de* 1291.

DONNE'ES à Paris au mois de May 1403.

*REGISTRE'ES au Siége de la Vicomté de Rouen
le cinq Janvier* 1454.

TOUS ceux qui ces Presentes Lettres verront ou orront , Guillaume Chombault , Vicomte de Rouen ; SALUT. Savoir faisons,
qu'aujourd'huy cinquiéme jour de Janvier l'An
de Grace mil quatre cens cinquante-quatre.
Nous avons vû , tenu & lû mot apres autre ,
une Lettre Patente du Roy, mise, scellées en Lacs de Soye
& Cire Verte , saines & entieres , en Scel & Ecritures , des-

A

quels la teneur s'enfuit. CHARLES Par la Grace de Dieu Roi de France ; Sçavoir faifons : A tous préfents & à venir. Nous avons vû les Lettres defquelles la teneur s'enfuit. A tous ceux qui ces Préfentes Lettres verront ou orront, Guillaume le Diacre Vicomte de Rouen ; Salut. Comme d'ancienneté , & au tems que Maire , avoit en la Ville de Rouen , eût été par le Maire , qui pour lors étoit , & autres fages hommes de ladite Ville , fait conftitution & Ordonnance fur le fait du Métier , de faire Chandelle de Sieu en ladite Ville , felon laquelle les gens d'icelui Métier euffent œuvre & befogne , puis long-tems a , & fans ce que depuis ledit tems , qui eft dès l'année 1360. comme apparu nous eft par ladite ancienne Ordonnance , de laquelle la teneur s'enfuit. A tous ceux qui ces Lettres verront ou orront , Guillaume le Grant , Maire de Rouen. Salut , nous avons vû une Ordonnance ou Etablie du Métier des Chandeliers de Sieu , Pièces faites au tems de la Mairerie de feu Thomas Nagüet , dont la teneur s'enfuit , comme il eut été accordé & établi au tems de la Mairie de Thomas Naguet , qui fut l'An de Grace 1291. le Mercredy , Fête de Saint Clément ; fi comme il apert aux Rôles de fa Mairie , par l'accord du Maire des Peres , & du commun des Candeliers de Rouen, que lefdits Candeliers feront bonne Candelle & loyalle , & qu'eux ne mettront en leur Candelle point de Saumure de Beurre , ne de Flamme ne de Sieu de Méguefchier , ne feront point de Candelle fourée , qui ne foit auffi bonne dedans comme dehors , & d'abondant le commun defdits Candeliers , euffent requis qu'avec ladite Etablie , fût ajoûté que nul dudit Métier ne puiffe avoir Aprentifs , à moins de quatre ans , & que chacun ne puiffe avoir qué fon Aprentif , & que nul dudit Métier n'en puiffe plus avoir jufqu'au tems qu'il eût accompli fon fervice : laquelle Requête , Nous Maire , par le confeil de nos peres , leur avons octroyée , & à ce garder , furent établis Gardes , Robert Beranger , Jean Hardel , Guillaume Hubert & Guillaume Laurent , qui jurerent fur Seing , qui bien & loyaument garderont & prendront la fauffe œuvre à tous qui en contre iront ; ils aporteront & feront favoir à Juftice. Fait le Samedy , après la St Gilles , l'an de grace 1311. & pour ce que l'on faifoit audit Métier plufieurs fraudes, déquoi plufieurs gens de la Ville & dehors pourroient être décheux : les Gardes & plufieurs gens dudit Métier fuffent venus par devers nous, & nous euffent requis par plufieurs fois à grande inftance , que nous vouluffions ajoûter à ladite Ordonnance certaines chofes que ils nous baillerent par écrit ; fçavoir faifons , que pour éviter aux fraudes & malices que l'on peut faire audit Métier , & pour le bien & profit commun par le confeil & accord de plufieurs de nos Peres de ladite Ville , dont les noms s'enfuivent ; c'eft à favoir , Sire Jacques le Lieur Capitaine de ladite Ville , Robert le Maître , Laurent le Trefflier , Robert Rilie , Guillaume du Bufq , Nicole du Roolle , Guillaume Ofber & plufieurs autres. Avons ajoûté à ladite Ordonnance ce qui fuit.

PREMIEREMENT , que tous ceux qui feront Chandelle en ladite Ville , mettent en la mèche deux fils de coton & un fil de linge en la moindre , & la plus groffe fera à mèche à la valuë , & la Chandelle qui fera au contraire , fera prife par les Gardes & aportée à Juftice comme forfaite , ou Amende telle comme le Maire verra qu'il apartiendra.

ITEM. Si les Gardes tiennent aucun qui pefe deux livres & au-deffous à poid qui ne foit bon , jufte & loyal , tant le menu poid comme la livre entiere , lefdits Gardes feront tenus de prendre les poids qu'ils trouveront autres que bons , & les aporteront au Maire , pour en faire telle punition comme au cas apartiendra.

ITEM. Que tous les Maitres dudit Métier feront tenus de faire bonne Chandelle & loyalle , fans y mettre Sieu d'épargne.

ITEM. Que nul ne pourra lever ledit Métier en ladite Ville , devant qu'il aura fait & accompli le fervice des quatre ans des fufdits en la Ville, ou en Villé de Loi , dont il fera tehu enfeigner düement , s'il ne plaît au Maire & à fon confeil à en faire grace à aucuns pour certaine caufe , & feront tenus ceux qui voudront lever Métier en ladite Ville , quand ils auront fait & accompli ledit fervice , tenus faire le ferment de faire bonne œuvre & loyal , felon cette prefente Ordonnance , & enrôlées ès Rôles de la Ville , en la prefence des Gardes ou deux d'iceux , & payera dorénavant chacun qui voudra lever ledit Métier en ladite Ville , vingt fols de han-fe à icelle Ville , excepté les Fils de Maitres qui ne paye-ront que demie hanfe.

ITEM. Tous les Valets Aprentifs dudit Métier , feront te-nus faire ferment devant le Clerc de la Ville dedans huit jours , après ce qu'ils font aloüez de faire & fervir leur Mai-tre bien & loyaument , & ne pourra nul homme de dehors vendre Chandelle en ladite Ville fors , au poid de la Vicom-té , en la maniere ancienne & accoûtumée , & feront tenus tous ceux qui voudront œuvrer dudit Métier , jurer & gar-der cette prefente Ordonnance bien & loyaument , & y au-ra quatre Gardes , qui chacun en fe remuant à Noël , & du-rera cette Ordonnance tant comme il nous plaira , ou au Maire & Pairs , qui pour le tems feront , lefquels la pou-ront croître ou amenifer pour le bien & profit commun , tou-tefois qu'il leur plaira : En témoins de ce , nous avons mis à ces Lettres le Scel de ladite Mairie , qui furent faites le deu-ziéme jour de Mars , l'an de grace 1360.

Aucune adition , correction ou augmentation n'ait été mis en icelle , jaçoit ce que depuis icelui tems , la maniere d'œu-vrer en icelui Métier à plufieurs chofes touchant icelui , foient changées & muës en la maniere du gouvernement, autre qu'il n'étoit pour le tems qu'icelle Ordonnance deffus tranfcrite , fut faite , & pour ce que moult de fraudes , inconvéniens & dommages , pouroient advenir & advenoient de jour en jour contre le bien de la chofe publique , par les fauffes œu-vres que l'on faifoit audit Métier , qui étoit chofe moult , préjudiciable au commun & Habitans de ladite Ville , .par-ce que bonnement nul ne nulle ne fe pourroit gouverner , fans avoir de l'Ouvrage d'icelui Métier de Chandelerie , qui

5

est néceffaire , univerfel & profitable pour le bien public.

Se fuffent faits par devers nous les Gardes & plufieurs autres gens d'icelui Métier , lefquels pour ce que la connoiffance , correction & punition d'icelui nous apartient , à caufe de notre Office , nous euffent dit & montré par plufieurs & bonnes voyes que ladite ancienne Ordonnance , faloit en augmenter en plufieurs points & Articles , & fi étoit néceffaires chofes que plufieurs Articles , dont icelle Ordonnance ne fait aucune mention , y fuffent compris , mis & ajoûtés pour le bien de la chofe publique , & que préjudiciable chofe feroit , ce pourvû n'y étoit , pour laquelle chofe nous euffent dit , commandé & enjoint aufdits Gardes , & autres gens dudit métier , que brefment aportaffent par devers nous par articles , les chofes qu'ils regarderont être néceffaires & profitables pour le bien dudit métier & de la chofe publique , afin qu'icelle nous viffions , & que fur ce euffions avis & Délibération , lefquels Gardes nous euffent iceux articles baillez & iceux euffions vûs à grande diligence en leur prefence & abfence , par grande & meure Délibération de confeil de plufieurs fages hommes ; & fur iceux articles où aucuns d'iceux mis correction felon notre avis par ledit confeil , pour le bien & utilité & profit dudit métier & de la chofe publique. Sçavoir faifons , que pour éviter aux fraudes , baras , déceptions & faux Ouvrages , qui audit métier fe pourroient faire de jour en jour contre le bien commun ; & afin que dorénavant ceux qui en ce feront fraude , feront punis felon raifon. Nous fur ce avis & Délibération de plufieurs fages , notables perfonnes , & par le confentement & avis de gens de la Communauté d'icelui métier , qui pour ce , ont été prefents & apellez par-devant nous par plufieurs fois & à plufieurs journées , defquelles perfonnes les noms enfuivent ; c'eft à fçavoir , Rolin de Caumont , Rolin Damoye , Jean Dumontier , Guillaume Chamdoue , Raoul le Vaffeur , Jean Prevel , Pierre Raul , Pierre de Gravenchon , André Martin , Simon le Petit , Herpin , Guillaume de Caumont , Robin Clarel , Jean Gueffray , Guillaume le Cordouennier , René Cochon ,

Jean le Sux , Guillaume Greffin , le Petit , Raoul Ourfel , Guillaume Morin , Pierre Landigois , Michel Prud'homme , Jean Mineflant , Pierre Riviere & Jean Ridel : Avons fait déclaration d'aucuns des Articles de ladite ancienne Ordonnance , & d'abondant y avons ajoûté pour le gouvernement d'icelui métier les Articles qui enfuivent.

PREMIEREMENT , que tous Chandeliers de la Ville & Banlieuë de Rouen , feront bonne Chandelle , jufte & loyalle , & que nul ne mettra en fa Chandelle point de Sain , de Beurre , de Flame de Sieu de Méguifcher , ni de Sieu d'Epargne , ni de Sieu corrompu , ni ne feront point de Chandelle fourée , qui ne foit auffi bonne dedans comme dehors , fur peine de forfaiture , & fera la Chandelle fonduë & le Suif vendu au profit du Roy , dont le Roy en aura les deux parts , & les Gardes le tiers.

ITEM. L'on ne mettra en la Chandelle deux fils de coton , & deux fils de linge en la moindre Chandelle , & la plus groffe fera améchée à la valuë , & la Chandelle que l'on trouvera être faite au contraire , fera prife par les Gardes & aportée à Juftice comme forfaite , laquelle fera fonduë par lefdits Gardes , & en fera le Sieu vendu comme dit eft.

ITEM. Que nul , s'il n'eft dudit métier , & s'il n'a fervi le terme de quatre ans accomplis , & fait toutes les folemnitez que l'on a acoutumé audit métier , ne puiffe faire ni faire faire ladite Chandelle , ni tenir en fon Hôtel Moules ni Outils à faire ladite Chandelle de Sieu , ni prendre Chandelle à Broque , ni mettre à Etal ou Feneftre , pour vendre en ladite Ville & Banlieuë , fur peine de forfait de ladite Chandelle , & de vingt fols d'Amende au Roy notre Sire , pour chacune fois que l'on trouvera aucuns faifant le contraire , & les pouront iceux Gardes , prendre & aporter à Juftice , fauf que fi aucun Epicier ou autre Echopier , veut acheter ladite Chandelle de Sieu au poid du Roy de la Vicomté de l'Eau , ou la faire faire aux Chandeliers de ladite Ville , pour vendre faire le pouront , par tenant ou mettant icelle Chandelle à leurs Etals en petits Boiffelets de la forme ac-

coûtumée feulement , pourvû qu'elle foit bonne & loyale fur
ladite peine.

ITEM. Si lefdits Gardes trouvent aucuns qui pefe deux
livres , ou au-deffous à poid, qui ne foit bon & loyal , tant
le menu poid comme la livre entiere , lefdits Gardes pourront prendre lefdits poids qu'ils trouveront autres que bons ,
& les aporteront à Juftice , & feront lefdits poids des per-
ches caffez , & celui fur qui ils feront trouvez fera amende
felon le méfait , au taux & regard de Juftice , & felon
le raport des Gardes.

ITEM. Chacun Aprentif qui voudra aprendre ledit Métier , fera tenu faire le Serment devant le Vicomte de Rouen
ou fon Lieutenant , comme accoutumé a été de faire bon-
ne-œuvre & loyal , de bien & loyaument fervir fon Maître
le tems des quatre ans accomplis , & ne le pourra le Maître tenir que huit jours , que ledit Aprentif ne faffe ledit Serment , & qui fera le contraire , le Maitre l'amendera de dix
fols Tournois d'amende , dont le Roy aura les deux parts &
les Gardes le tiers.

ITEM. Que nul ne pourra lever ledit Métier en ladite
Ville & Banlieuë devant ce que il aura fait & accompli ledit fervice de quatre ans entiers en ladite Ville & Banlieuë ,
& quand il lévera fondit Métier , il fera tenu payer au Roy
notre Sire 20. fols Tournois pour hanfe , & 5. fols tournois
aux Gardes , & renouveller fondit Serment devant ledit Vicomte ou fon Lieutenant en la prefence des Gardes , excepté les Fils de Maitres qui ne feront point de hanfe , & fi ne
payeront que demie hanfe , & fi ne payeront que deux fols
fix deniers pour les Gardes.

ITEM. Et ne pourra nul homme de dehors vendre Chandelle en ladite Ville & Banlieuë , fous en l'Hôtel de la Vicomté de l'Eau , & qui fera pefé au poid d'icelle Vicomté,
comme l'on a accoutumé faire anciennement , & s'il eft fait
le contraire , icelle Chandelle fera forfaitte & venduë au profit du Roy fi elle eft bonne , ou fi elle eft trouvée mauvaife par le raport defdits Gardes , elle fera fonduë par iceux

Gardes aux dépens de celui fur qui elle eft trouvée , & le Sieu vendu au profit du Roy , de dix fols d'amende au Roy notre Sire.

I T E M. Que nul ne pourra pefer Chandelle , fi ce n'eft en balance perchée entre banc & langue , & celui fur qui l'on trouvera balances au contraire qui feront perchées parmi banc , ou qui ne revendront à jufte poid , elles feront portées à Juftice par lefdits Gardes ; & depêchées en la prefence defdits Gardes , & fi payera celui fur qui elles feront trouvées , dix fols Tournois d'amende au Roy notre Sire , & cinq fols Tournois aux Gardes.

I T E M. Et fi aucun Maitre dudit Métier alloit de vie à trépas, avant que fa femme , ladite femme pourra œuvrer dudit Métier , tant comment elle tiendra de marier , fi elle ne fe marie à homme qui foit de la franchife dudit Métier ; & fi fondit Mari avoit eu Aprentif deux ans au-devant de fon trépaffement , qui continuellement eut été audit Métier , elle le pourra tenir jufqu'à-ce qu'il ait fait fondit fervice & apris ledit Métier , fi tant icelle Femme fe tenoit de marier , & fi elle fe marie à un homme qui ne foit point dudit Métier , avant que ledit Aprentif ait fait fondit fervice , elle ne le pourra plus tenir après ; mais fera forclofe & déboutée dudit Métier & n'en pourra plus faire , & fi elle eft trouvée faifant le contraire , elle l'amendera de 40. fols Tournois , & feront les deniers aportez audit Métier , & que elle fera depuis , & que expofera en vente forfaite & venduë par lefdits Gardes au profit du Roy , & parfera ledit Aprentif fon fervice avec un autre Ouvrier dudit Métier , & fi ledit Aprentif n'a demeuré le terme de deux ans avec fondit Maitre avant fon trépaffement , ladite Veuve ne le pourra tenir comme dit eft.

I T E M. Et ne pourra nul dudit Métie. avoir qu'un Aloué & un Aprentif , lequel Aprentif fera tenu fervir quatre ans comme dit eft , & s'il avenoit que par ignorance ou autrement , ledit Aprentif s'en allât d'avec fondit Maitre fans congé de Juftice ni des Gardes , fondit Maitre fera tenu attendre

tendre tout ledit terme de quatre ans durant, fans avoir autre Aprentif, & fi ledit Aprentif revenoit avant ledit terme de quatre ans paffez, fondit Maitre le fera tenu recevoir & lui aprendre fondit Métier, pourvû qu'il le fubmette reftorer fondit Maitre de tant de tems comme il aura défailly, & fi rendra à fondit Maitre le domage qu'il aura eu par fon partement, au regard defdits Gardes, & s'il ne revenoit dedans le terme de quatre ans, fondit Maitre en pourra avoir un autre fans préjudice, & fi fera ledit Varlet debouté & forclos dudit Métier, & ne poura plus œuvrer d'iceluy s'il ne recommence à fervir tout de nouvel, & faire nouvel Serment.

ITEM. Et s'il advenoit qu'aucun eut en fon Hôtel Varlet ou Chambriere qui ne fût dudit Serment, & à qui l'on fit œuvrer dudit Métier en quelque maniere que ce foit, le Maitre payera dix fols au Roy, & cinq fols aux Gardes pour Amende chacune fois que trouvé y fera.

ITEM. Et pour garder & vifiter icelui Métier, il y aura quatre Gardes, dont l'on ôtera chacun an deux au terme de Noël, & en mettra deux nouveaux, qui feront choifis & éllûs par les Gardes & Compagnons Ouvriers dudit Métier, lefquels Nouveaux feront Serment devant ladite Juftice de bien loyaument garder l'Ordonnance dudit Métier, & aporteront à Juftice toutes les fautes qu'ils trouveront audit Métier, tous lefquels Gardes pouront aller vifiter par-tout ladite Ville & Banlieuë, de voir s'ils trouveront aucune faute ou mauvaife œuvre, & feront iceux Gardes crûs par leurs Sermens des fautes qu'ils trouveront audit Métier, & qu'ils aporteront à Juftice, & pouront iceux Gardes porter leurs poids & balances avec eux pour vifiter les poids & balances & chandelles dudit Métier, & s'il avenoit aucun Garde dudit Métier fut fommé par fes Compagnons Gardes avec lui, d'aller en la vifitation dudit Métier en ladite Ville & Banlieuë, & s'il en étoit refufant & délayant, il l'amendera de cinq fols, dont le Roy aura les deux parts & les Gardes le tiers, s'il ne montre excufation raifonnable.

C

ITEM. Que nul dudit Métier ne poura crier chandelle par
ladite Ville, ſi ce n'eſt aprés la premiere heure de None
Nôtre-Dame, ſur peine de deux ſols ſix deniers d'Amende,
les deux parts au Roy, & le tiers aux Gardes, & ſi ne
poura nul dudit Métier vendre Chandelle ſi ce n'eſt en ſon
Hôtel, ou en la criant par la Ville comme dit eſt, & en
là maniere accoûtumée, ſur la peine de vingt ſols d'Amende au Roy, & cinq ſols aux Gardes.

ITEM. Que nul ne poura fondre Sieu en creton, ſi ce n'eſt
en blanc, excepté depuis l'heure de couvre-feu juſqu'à leſ-
qualles à la Mere Dieu, & qui ſera le contraire, il l'amendera de cinq ſols au Roy.

ITEM. S'il advenoit qu'il paſſât aucun Varlet étrange par
ladite Ville qui fut dudit métier, qui demandât à gagner,
l'on le poura mettre en beſongne huit jours, & non plus,
ſi ce n'eſt par le congé des Gardes, & ne le pouront ceux
dudit métier plus avant tenir en beſogne, s'il ne montre
dûëment à qui & où il a apris ledit métier en Ville de Loy,
& qui en ſe méprendra, il l'amendera de vingt ſols au Roy,
& cinq ſols aux Gardes.

ITEM. Et ne poura nul œuvrer dudit métier juſqu'à ce
qu'il ait accompli toutes les ſolemnitez & devoirs apartenant
audit métier, comme il eſt accoûtumé faire.

ITEM. Et pour ce que aucuns dudit métier ſe pouroient
retraire & tapir ſous aucunes Juriſdictions ou Juſtice qui ſont
dedans la Ville & Banlieuë des ſusdits; les Gardes pouront
par l'autorité des Officiers du Roy, aller viſiter leſdits Ouvriers par toutes icelles Juriſdictions, en portant les choſes
qu'eux trouveront être fauſſes & mauvaiſes à la Juſtice, à qui
la connoiſſance en apartient.

TOUS leſquels Articles deſſus deviſés & déclarés, Nous
à la requête des Gens & Ouvriers dudit métier, avons ajoûté & ajoutons à icelle Ordonnance, & auſſi avons ordonné que
tous ceux qui à l'encontre feront ou iront aucunement, ſeront punis ſelon les peines & Amendes commiſes & décla-
rées ci-deſſus, preſents à ſe faire les gens dudit métier ci-deſſus

nommés, & à plufieurs autres qui tous jurérent accordable-
ment que c'étoit le profit de la chofe publique , & icelle
promirent & jurérent tenir & garder dorénavant , fans aller
encontre, fur les peines qui y appartient. En témoins de ce,
Nous avons mis à ces prefentes le grand Scel aux Caufes de
ladite Vicomté. Ce fut fait & paffé l'An de grace mil quatre
cens trois , le vingt-huitiéme jour d'Avril , lefquelles Lettres
& Ordonnances deffus tranfcrites , & tout le contenu en
icelles , Nous avons fermes, & ftables & agréables , & icelles loüons & aprouvons , ratifións , & par ces prefentes de
grace fpécialle , & tant que bien & dûëment ont été faites, &
qu'ils en ont joüi & ufé, confirmons. SI DONNONS EN
MANDEMENT par ces mêmes prefentes aux Bailly & Vicomte de Rouen , & à tous nos autres Jufticiers prefens & à venir
ou à leurs Lieutenans , & à chacun d'eux , fi comme à luy
apartiendra , que defdites Ordonnances deffus tranfcrites , ils
faffent, joüiffent & laiffent joüir & ufer paifiblement les Chandeliers de Sieu de nôtre Ville & Banlieuë de Roüen, & leurs
fucceffeurs , & icelles faffent par eux tenir & garder à toûjours , fans enfraindre de point en point felon leur forme &
teneur ; & pour ce que ce foit chofe ferme & ftable à toûjours , Nous avons fait mettre nôtre Scel à ces Prefentes ,
fauf en autre chofe nôtre droit & l'autrui en toutes. DONNE'
à Paris au mois de May , l'An de Grace 1403. Et de notre
Régne le vingt-troifiéme, ainfi Signé : Par le Roy à la Relation du Confeil : CHALINGUANT. Collation eft faite ,
Vifa , CONTENTOR & FRERON. En témoins defquelles chofes Nous Bailly deffus nommé , avons mis à ce prefent *Vidimus* , ou tranfcrit le grand Scel aux Caufes dudit
Bailliage. Ce fut fait & donné audit lieu de Roüen , en l'An
& jour deffus. PRENNFRDIS. (Ainfi Signé.) Collation faite,
BIENVENU.

SENTENCE
DU BAILLY
DE ROUEN,

CONTENANT l'Enumération des Marchandises que les Marchands Chandeliers ont pouvoir de vendre.

Du douziéme Février 1572.

L'AN DE GRACE MIL CINQ CENS SOIXANTE ET DOUZE, le douziéme jour de Février : Devant JEAN DE BREVEDENT, Ecuyer, Conseiller du Roy, Lieutenant Général au Bailliage de Rouen. Sur la Requête préfentée en Juftice de la part des Gardes & Maîtres du Métier de Chandelier en cette Ville de Roüen ; Tendante qu'en interprétant les Sentences ci-devant données à la Police, fur le retranchement des Regratiers, Revendeurs en cette Ville, ordonner que iceux Chandeliers ne feront compris audit retranchement de Regratiers & Revendeurs ; mais que fuivant qu'ils ont accoûtumé de tous tems & ancienneté, ils feront permis vendre & diftribuer outre de la Chandelle, de l'Huile à bruler, Sain, Vieil-Oing, Chercendre, Verjus, Vinaigre, Sablon à écurer, craye broyée, même Fagots, Bourées & Bois à bruler, Foin & Avoine pour la fubvention dudit Peuple ; VEU ladite Requête ordonné être communiquée au Procureur du Roy ; auroit été ordonné fui.

Ne rétractent le fond des Commissaires du Rapporteur du 5. Mars 1599. Sur les premiers titres de ces Chandeliers, qui leur permettent entr'autres choses de vendre des avoines. Ces lettres données et un exécutés pas les Édits de décembre 1692 et Juillet 1691 portant création dans les Villes van de Rouen et Jurés marchands et de grains priviligiaire qui derogent tout l'ordre en Reglement a ce contraires.

vant les réquifitions fur ce par lui faites, que d'Office de Juftice il feroit informé ; L'information ayant été faite du quatre & cinquième Février de cedit mois & an, & icelle communiquée, avons iceux Maitres & Gardes du Métier de
Chandelier, permis vendre outre la Chandelle à bruler, Sain,
Vieil-Oing, Chercendre, Sablon à écurer, Craye broyée &
en pain, Fagots, Bourées, Foin & Avoine, ainfi que leurs
prédeceffeurs, defquelles chofes ont obtint ces prefentes, &c.
Signé, BREVEDENT, DE MEDINE, CAVELIER &
Paraphe.

ORDONNANCE

RENDUE PAR LES COMMISSAIRES

Ordonnés par le Roi, en la Cour de Parlement
de Rouen, confirmative de la Sentence du
Bailly de Rouen, du 12 Février 1572.

Du cinq Mars 1599.

VU par les Commiffaires Ordonnés par le Roy en fa
Cour de Parlement, fur le Fait de ladite Police audit
Rouen : les Ordonnances, Réglemens des Chandeliers de
cette Ville : Infomation faite d'Office par le Bailly de Rouen
ou fon Lieutenant, de ce qu'ils avoient acoutumé vendre en
leurs Boutiques avec la Chandelle ; Sentence fur ce enfuivie
du vingt-feptieme jour de Févier 1627 ; par laquelle, en interprétant la Sentence ci-devant donnée par ladite Police
fur le retranchement defdits Revendeurs, Regratiers en cette
dite Ville, avoit été permis aufdits Maitres & Gardes dudit Métier de Chandelier, vendre & diftribuer pour la fubvention du Peuple, outre la Chandelle, de l'Huile à bruler,

D

Sain, Vieil Oing, Chercendre, Verjus, Vinaigre, Sablon à écurer, Craye broyée & en pain, même Fagots, Bourées, & autre Bois à brûler, Foin & Avoinne, ainsi qu'eux & leurs Prédécesseurs Maitres dudit Métier ont fait par cy-devant : Lesdits Commissaires ont permis & permettent ausdits Maitres & Gardes de Chandelier, Vinaigrier & Echopier, vendre, outre la Chandelle, de l'Huile à brûler, Sain, Vieil Oing, Chercendre, Verjus, Vinaigre, Sablon à écurer, Craye broyée & en pain, même des Fagots, Bourées & autres Bois à brûler, Foin & Avoines : & néanmoins à eux fait inhibitions & défenses d'acheter en plus outre que cinq quarts de Foin, cent livres de Beure & deux mines d'Avoine à chacune fois, sur peine de confiscation & dix sols d'Amende. Fait comme dessus. *Signé.*

SENTENCE

RENDUE AU BAILLIAGE DE ROUEN.

PORTANT Réglement entre les Epiciers & les Chandeliers.

Du 5 Octobre 1600.

L'AN DE GRACE MIL SIX CENS, le Jeudi cinquiéme jour Octobre de matin, en la Chambre du Conseil du Bailliage de Rouen, devant nous Jacques Cavelier, Ecuyer Conseillier du Roy, Lieutenant-Général audit Bailliage : Entre Robert Simon, Nicolas Herault, & Etienne Papin Maitres & Gardes année presente de l'Etat d'Apoticaire - Cirier & Epicier en cette Ville de Rouen, Demandeurs en Aprochement, d'une part ; & Michel Anquetil, Laurent Martin, Clément le Boucher, & Nicolas Langlois, Maitres & Gardes du métier de Chandelier, Vinai-

grier & Echopier , Défendeurs dudit Aprochement , d'autre
part ; & encore entre lesdits Maitres & Gardes dudit métier de Chandelier , Vinaigrier & Echopier , Demandeurs
en Aprochement, d'une autre part; Pierre Baillehache , Maitre
de l'Etat du métier d'Epicier - Cirier en cettedite Ville , Défendeurs audit Aprochement , & lesdits Maitres & Gardes
d'Apoticaire - Cirier & Epicier , ayant donné adjonction audit Baillehache , d'autre part ; l'Aprochement fait par lesdits
Gardes d'Apoticaire contre lesdits Gardes de Chandelier , de
ce que lesdits Chandeliers vendoient de l'Huille d'olive , com-
bien qu'il ne leur fut permis , ce que lesdits Gardes de Chandelier avoient défendu & maintenu du contraire : Pourquoi
après les Parties oüies en Jugement , s'étoit enfuivie Sentence le dix-huitiéme jour de Février 1599. par laquelle avoit
été dit avant que de faire droit aux Parties fur ledit Aprochement , qu'il feroit fommairement informé de la commodité ou
incommodité , & des abus & inconvéniens qui pouroient ar-
river & fe pouvoient commettre en la vente & diftribution
en détail dudit Huille d'olive par lesdits Chandeliers & autres ; & comme il en avoit été ci-devant ufé , pour ce fait
être fur ce pourvû & ordonné qu'il apartiendroit : & cependant défenfes faites par provifion aufdits Maitres dudit
métier de Chandelier de vendre dudit Huille , jufqu'à - ce
qu'autrement en eut été ordonné , & pour le regard dudit
fecond Aprochement depuis fait par lesdits Gardes de Chandelier , contre ledit Baillehache , auquel lesdits Gardes d'A-
poticaires avoient comme dit eft donné adjonction de ce que
ledit Baillehache entreprenant fur ledit métier de Chandelier ,
contre & au préjudice des Ordonnances , Sentences & Réglemens par eux portez , donnez tant en cette Jurifdiction ,
qu'au Bureau de la Police de cette Ville , s'entremet chacun
jour , vendre , diftribuer & debiter en détail en fon Ou-
vroir toutes fortes de menuës Denrées , comme Huile de Poiffon & à brûler , Graiffe & Vieil Oing , Sain , Craye broyée & en
Pain , Chercendre , Sablon à écurer , Pots de terre & autres
chofes femblables , ce qui ne lui eft permis ni loifible , ni à

autre qu'aufdits Chandeliers qui étoient permis de ce faire
par Sentence donnée en cette Jurifdiction , & au Bureau de
ladite Police , lequel Aprochement , ledit Baillehache & lefdits Gardes Apoticaires joints , avoient maintenus tortion-
naire , d'autant qu'ils difoient qu'ils étoient en poffeffion de
vendre & debiter lefdites Denrées , & non lefdits Chandeliers , qui fe devoient contenter à vendre & debiter de la
Chandelle , fur lefquels foûtiens les Parties , enfemble le Procureur du Roy en ce Bailliage , ayant été ouïs en jugement ,
s'étant enfuivie Sentence le huitiéme de Novembre 1599. par
laquelle , fuivant la requifition dudit Procureur du Roy , avoit
été ordonné qu'il feroit fommairement informé de la maniere & comme ci-devant il avoit été ufé de ce que deffus , tant
par lefdits Chandeliers , que par les Apoticaires , Epiciers
Ciriers , & fur la commodité ou incommodité que le Public
y pouvoit avoir , & qu'il en pourroit reffentir pour ladite
information , faite & vûë avec ces Sentences & Piéces refpectivement portées par lefdites Parties , leur être fur ce pourvû & donné tel Réglement qu'il apartiendroit par raifon ; lefdits Chandeliers cependant permis , fuivant lefdites Sentences par eux portées , à debiter & diftribuer en détail lefdites
Denrées , comme ils ont fait par le paffé , fuivant quoi ladite information avoit été faite , & plufieurs Notables Bourgeois & Marchands pris & nommez d'Office de Juftice ,
avoient été examinez , & depuis le tout ayant été par notre Ordonnance communiqué au Procureur du Roy , y avoit
baillé Conclufion , ce que lefdites Parties avoient fait de
leur part , & le tout mis vers Juftice , pour leur être fait
droit. Vù par nous les Sentences portées par lefdits Maitres
du métier de Chandelier , &c.

IL EST DIT. Vû ce qui réfulte defdites Piéces & Information , qu'il eft permis , tant aufdits Apoticaires , Ciriers & Epiciers , qu'aufdits Chandeliers & Echopiers , vendre indifferemment ces fortes de Denrées décordables , comme Huile d'Olive , Rabette & autres Huiles , Craye broyée
& en Pain , Graiffes , Vieil Oing , Vinaigre , Verjus , Cher-

cendre ,

cendre , Sablon à écurer , Savon & Sain , fors & réfervé
l'Huile de Poiffon , comme de Moruë & autres femblables ,
la vente & diftribution defquelles en détail eft deffenduë aufdits Apotiquaires Epiciers , les Parties en l'outre plus envoyées fans dépens , & taxé au Confeiller-Commiffaire , &c.

ARREST

DE LA COUR DE PARLEMENT DE ROUEN,

Confirmatif de la Sentence du 5 Octobre 1600.

Du onze May mil fix cens un.

EXTRAIT DES REGISTRES DE LA COUR
de Parlement : Entre Robert Simon , Nicolas Herault & Etienne Papin, Maitres & Gardes année prefente
de l'Etat d'Apoticaire-Cirier & Epicier de cette Ville de
Rouen ; joint avec eux Pierre Baillehache , Maitre dudit Métier d'Epicier-Cirier de cette Ville : Apelans de Sentence donnée par le Bailli de Rouen ou fon Lieutenant audit lieu ,
le cinquiéme jour d'Octobre 1600 , d'une part : Et Laurent
Martin , Nicolas Langlois , Pierre Yeurry & Jehan Martin,
Maitres & Gardes du métier de Chandelier , Vinaigrier &
Echopier en cette Ville , Intimés , d'autre. Vû par la Cour
l'Arreft d'icelle du quinziéme Mars dernier , par lequel les
Parties auroient été apointées au coût dudit, & à clore dans
trois jours leurs Piéces par devers icelle : ladite Sentence
dont eft apel , par laquelle avoit été permis , tant aufdits
Apoticaires - Ciriers & Epiciers , qu'aufdits Chandeliers &
Echopiers , de vendre indifferemment les Denrées conten-
tieufes, comme Huiles d'Olive , de Rabette & autres Huiles,
Craye broyée & en pain , Graiffes , Vinaigre , Verjus , Chercendre, Sablon à écurer , Savon & Sain , fors & réfervé
l'Huille de Poiffon, comme de Moruë & autres femblables : la

vente & diſtribution deſquelles en détail avoit été défenduë aux Apoticaires-Epiciers & Ciriers , les Parties envoyées ſans dépens , exclus d'apel deſdits Apoticaires-Ciriers , du 12 Décemb: dernier. Exploit d'icelui d'enterriner comis , par le Bailli de Rouen ou ſon Lieutenant , au profit des Apoticaires-Ciriers & Epiciers , les vingt-deux Mars 1537 , vingt-cinquiéme Février 1544, vingt-deux de May 1551, vingt-uniéme Juillet 1564 , & neuviéme Aouſt 1571 , par la dernière deſquelles défenſes ſont faites à Pierre Cuffe Chandelier , & à tous autres ſemblables de vendre de l'Huile d'Olive , ſur les peines au cas apartenant : Autre Sentence donnée par ledit Bailli ou ſon Lieutenant , le douziéme Février 1572 , par laquelle , ſur la Requête preſentée par les Maitres & Gardes du Métier de Chandelier , & après avoir vû l'Information faite d'Office , les quatre & cinquiéme dudit mois de Février , leur avoit été permis vendre & diſtribuer pour la ſubvention du Peuple , outre la Chandelle , de l'Huile à bruler , Sain , Vieil Oing , Chercendre , Verjus , Vinaigre , Sablon à écurer , Craye broyée & en pain , même des Fagots , Bourées & autres Bois à bruler , Foin & Avoine , ainſi qu'eux & leurs prédeceſſeurs Maîtres dudit Métier de Chandelier avoient fait auparavant ; Autre Sentence du huitiéme Novembre 1579 , par laquelle avoit été ordonné qu'il ſeroit informé premierement de la maniere & comme il en a été ci-devant fait & uſé entre leſdits Chandeliers, Apoticaires & Epiciers-Ciriers , pour la vente & diſtribution en détail ; & de ce qui eſt à peu près contentieux entr'eux ; enſemble de ſa commodité ou incommodité , & du bien ou dommage que le Public en pouroit reſſentir , & a permis & permet auſdits Chandeliers de continuer à vendre , debiter & diſtribuer en détail leſdites Denrées , comme ils ont fait ci-devant : Autre Sentence du dix-ſept Février 1600 , par laquelle avoit été ordonné de rechef , qu'il ſeroit informé de la commodité ou incommodité d'Office & Juſtice , de la vente & diſtribution de l'Huile d'Olive , ladite information faite par ledit Bailli de Rouen ou ſon Lieutenant , le ſep-

tieme, Mars & autres jours fuivans audit an , avec la Conclufion du Subftitut du Procureur Général du Roi detout que ce lefd.
Parties ont refpectivement mis & produit par Inventaire par
devers ladite Cour pour être droit : Tout confidéré. IL EST
DIT : que la Cour a mis & met ladite apellation & ce
donc eft apelé au néant , émandant en Jugement , a permis
& permet aufdits Apotiquaires-Ciriers & Epiciers , vendre en
gros ou en détail toutes fortes d'Huiles , & a fait & fait inhibitions & défenfes aufdits Chandeliers , Vinaigriers & Echopiers , de s'entremettre de vendre & diftribuer , en gros ou
détail , l'Huile d'Olive ni Savon , & enjoint refpectivement
tant aufdits Apoticaires-Ciriers & Epiciers que Chandeliers ,
de garder & obferver les Ordonnances de la Police & Réglemens de leurs Métier , fur les peines au cas apartenant ,
fans dépens. Fait à Rouen en ladite Cour de Parlemenr le
onziéme jour de May , l'an 1601. Signé , THOUROUDE.
Avec Paraphe.

LETTRES PATENTES
DE CONFIRMATION
DES ARRESTS ET RÉGLEMENS.

Obtenus par la Communauté des Marchands Chandeliers.

DONNE'S par Henry IV. à Rouen au mois de Septembre mil six cens trois.

HENRI PAR LA GRACE DE DIEU, Roy de France et de Navarre : A tous prefens & à venir Salut. Sçavoir faifons. Nous avons reçû l'humble fuplication de nos chers & bien Amés les Maitres & Gardes de la Maîtrife de Marchand Chandelier , Vinaigrier & Echopier , demeurant Ville de Rouen : contenant que de nos Prédécefleurs Rois , pour le bien & commodité publique des Habitans de notredite Ville , & pour faire cefler les abus & malverfations qui fe commettent audit Etat , auroient fait plufieurs Réglemens , Ordonnances, plus à plein fpécifiez & déclarez ès Lettres de Chartre qui en furent expédiées au mois de May 1403. fuivant lefquelles ont été donnez plufieurs Sentences & Arrefts pour l'obfervation defdits Reglemens & Ordonnances , pour lefquels il leur fut entr'autres chofes permis d'élire quatre Gardes dudit métier par chacun an , dont les deux feront continuez deux ans , & en leur place, les deux ans paffez , ils en éliront deux autres chacun

cun an qui feront le nombre de quatre , pour vaquer & faire les Vifites néceffaires fur les Marchandifes dépendant dudit Etat , fuivant lefdits Réglemens & Ordonnances , lefquels ont toujours depuis été gardez & obfervez jufqu'à prefent , & lefquels lefdits Suplians defirent de faire auffi garder
& obferver pour l'avenir. Nous ayant très-humblement fuplié & requis pour plus grande Aprobation & autorifation d'i-
ceux , les vouloir de nouveau autorifer & confirmer. A ces
Causes , defirant favorablement traiter lefdits Suplians en
cet endroit , & faire ceffer tous abus & malverfations qui fe
pourroient commettre audit Etat , au préjudice de la commodité publique des Habitans de notre dite Ville , après
avoir fait voir en notre Confeil lefdites Lettres de Charte , Sentences & Arrefts donnez en conféquence defdits Réglemens
& Ordonnances. De l'avis de notre Confeil , & de nôtre certaine fcience , pleine puiffance & autorité Royale. Avons tous
lefdits Réglemens & Ordonnances plus à plein fpécifiez &
déclarez par lefdites Lettres de Charte , Sentences & Arrefts
confirmez , autorifez & aprouvez : confirmons , autorifons
& aprouvons par ces Prefentes. Voulons & nous plaît qu'ils
foient inviolablement gardez & obfervez , & entretenus de
point en point felon leur forme & teneur , fans qu'il y foit
contrevenu en aucune forte ni maniere que ce foit. Si
Donnons en Mandement : par ces Prefentes , à nos
Amés & Feaux les Gens tenant notre Cour de Parlement
de Rouen , Bailly dudit lieu ou fon Lieutenant ; & à tous
nos autres Jufticiers & Officiers qu'il apartiendra. Que de
nos Prefentes confirmation defdits Réglemens & Ordonnances , ils faffent , fouffrent & laiffent lefdits Suplians joüir &
ufer pleinement & paifiblement , contraignant & faifant contraindre à ce refus , fouffrir & obéïr tous aufquels apartiendra
par toutes voyes & maniéres düës & raifonnables , nonobftant opofition ou apellation quelconques , pour lefquelles ne
Voulons être differé. Car tel est notre Plaisir.
Et afin que ce foit chofe ferme & ftable à toujours. Nous
avons fait mettre notre Scel aufdites Prefentes , fauf en au-

F

tre chofe mettre droit & l'autruy en toutes. Donné à Roüen au mois de Septembre , l'An de Grace 1603. & de notre Régne le quinziéme.

Signé, CONTENTOR: *Par le Roy en fon Confeil*,

Signé , BONNET.

ARREST

DE LA COUR DE PARLEMENT
DE ROUEN,

RENDU entre la Communauté des Marchands Chandeliers & celle des Vinaigriers, qui maintient les Chandeliers dans la liberté de vendre du Vinaigre.

Du vingt-quatre Janvier mil fix cens quatorze.

ENTRE les Maitres & Gardes du métier de Marchand Chandelier, Echopier en la Ville & Banlieuë de Rouen, Apelans de Sentence donnée par le Bailly dudit lieu ou fon Lieutenant, le quatorziéme jour de Juin mil fix cens treize, prefens aucuns defdits Maitres & Gardes, par Maitre Guillaume Ruellon leur Procureur, d'une part ; & les Maitres & Gardes année prefente du métier de Vinaigrier, Aigrier, Moutardier & faifeurs d'Eau-de-vie, Jurez en cette dite Ville & Banlieuë de Rouen, Intimez audit Apel, aufli prefens en perfonne, par Maitre Robert de Bon leur Procureur, d'autre part ; Maignard pour les Apelans a dit, que de tous tems excédant la mémoire des hommes, ils ont en outre la Chandelle, revendu toutes autres fortes de menuës denrées pour le bien & commodité du Public : à quoi ils ont été autorifez , il y a plus de quarante ans , tant par Sentence dudit Bailly de Rouen , après information faite fur la commodité ou incommodité, que par Jugement des Commiffaires députés fur le fait de la Police , néanmoins les Intimez ont fait Aprochement à l'encontre d'aucuns particuliers dudit métier de Chandelier , Echopier , fondé fur une fupofée contravention à leur Ordonnance, & ce , pour avoir acheté fur les Quais de cette Ville , chacun un Poinffon de Vinaigre d'un Marchand Forain ; qui l'avoit auparavant expofé publiquement en vente fur ledit Quai , par plus de huit jours, fur ce fait donné Sentence , par laquelle lefdits Aprochez ont été condamnez en amende , & ordonné qu'ils feront tenus délivrer aufdits Intimez le Vinaigre par eux acheté , dont réfulte leur Apel : or pour montrer l'iniquité de tel Jugement, a dit, que lefdits Intimez ont depuis fix ans fait Aigre & introduit en cette Ville ledit métier de Vinaigrier , Aigrier , Moutardier & faifeur d'Eau-de-vie , & ne fe contentant d'avoir par tels moyens , privé les Apelans & ceux d'autre métier , d'en plus faire ni façonner , ainfi qu'ils faifoient auparavant , voudroient encore étendre leur pouvoir en plus outre que leur Ordonnance & Lettres d'Erection , d'autant que par icelles , ils font nommement inftituez & établis à l'inftar de ceux de Paris , qui font tenus permettre & fouffrir les Chandeliers faire revente dudit Vinaigre , ainfi qu'il eft montré par Atteftation & Serment des Jurez & Gardes dudit métier de Chandelier de Paris , fait par devant deux Nottaires du Châtelet , outre qu'il a été fourni d'Arreft donné en Jugement contradictoire , au Parlement dudit Paris , le vingt-troifiéme jour de Décembre mil cinq cens quatre-vingt-dix-huit , entre les Chandeliers de la Ville de Pontoife d'une part , & les Vinaigriers , Moutardiers dudit lieu , d'autre ; par lequel défenfes font faites aufdits Chandeliers , de faire ni façonner aucuns Vinaigres , & néanmoins leur eft permis en acheter & tenir en leurs boutiques , pour le revendre en détail , à la charge qu'ils feront vifitez par lefdits Maitres Vinaigriers , de maniere que fi la Sentence dont

eft

eſt apelé avoit lieu , ce feroit non-feulemént pour lefdits Chandeliers , Echopiers de la revente dúdit Vinaigre ; mais leur aporte une conféquence de ne plus revendre d'autres Denrées defquelles ils ne foient façonneurs , comme de Papiers , Lacets , Eguillettes , Epingles , Cartes & autres telles choſes faites par Maitres d'autre métier qui ont pareil Privilége de les vifiter ; quant au fecond prétexte de l'Aprochement , en ce que les Intimez difent , qu'en tout cas les Apelans n'ont pû ni dû acheter Vinaigre , finon que de leurs mains , & non du Marchand Forain , ils ont fuplié la Cour confidérer la régle & Police , donnée pour la vente & bien des Marchandifes aportées fur le Quai de cette Ville , qui eſt qu'après avoir pofé & ofé expofer en vente fur ledit Quai deux ou trois jours pour le plus , afin que ceux du métier aufquels elle eſt propre , foient les premiers fournis & l'ayent vifitée : il eſt loifible à tous autres Bourgeois & Marchands d'en faire l'achat , autrement ce feroit du tout rüiner le Trafic , par conféquent une grande diminution des Droits du Roy , qui fe lévent fur toutes Marchandifes ; car fous le prétexte d'une ligue entre eux defdits métiers , de n'acheter la Marchandiſe qu'à leur volonté , le Marchand Forain fouffrant perte , n'y reviendroit par après , ce qui fe pratique ainfi entre lefdits Vinaigriers au nombre de quatorze feulement ; tellement liguez enfemble , qu'ils defireroient pour leur profit particulier , contraindre tout le Peuple de paffer de néceffité par leurs mains , joint qu'un fi petit nombre de quatorze demeurant prefque en même Quartier , ne peut être fuffifant pour cette Ville , en laquelle auparavant leur établiffement , il y en avoit plus de deux cens qui faifoient la fonction retranchée aux quatorze , auffi telle nouvelle invention a été reconnuë fi pernicieufe & dommageable au bien Public , que les gens des trois Etats de cette Province , au cahier de leur Affemblée de l'An 1610. ont fuplié le Roy d'en faire la révocation , &. remettre de cette part le Peuple en fon ancienne liberté ; Pourquoy Sa Majefté a donné furféance de ce qui pourroit reſter à en exécuter , en attendant qu'elle ait déclaré fa vo-

G

lonté , partant a conclu la caſſation de ladite Sentence , & en réformant le jugement qu'il doit être dit : à tort l'aprochement , les Intimez condamnéz à leurs intérêſts & dépens , & permis auſdits Apëllans continuer la vente dudit Vinaigre , le faire venir , & acheter d'où & de qui bon leur ſemblera , ſous la viſitation deſdits Maîtres Vinaigriers , laquelle ils n'ont empêché celle pour les Intimez : a dit que pour diverſes conſidérations , l'on a érigé ledit Métier de Vinaigrier , par Edit du mois d'Octobre 1606. vérifié en la Cour , après information faite de la commodité ou incommodité , & confirmé par quatre Arreſts du Privé Conſeil du Roy du mois de Décembre audit an , ſeiziéme Février , dixhuitiéme May , & dixiéme Septembre 1607. par leſquels leſdits Chandeliers & autres nommez en iceux , ont été évincez des opoſitions & demandes qu'ils faiſoient d'avoir le détail des Vinaigres : tellement qu'il faut demeurer aux termes deſdits Edits , Réglemens & Ordonnances dudit Métier , qui portent qu'aucun dorénavant de quelqu'autre Métier qu'il ſoit , ne pourra acheter les Vinaigres , Aigres de Cidres rapez , ni Sénevé , pour les revendre & en faire Vinaigre , Aigre , Eau-de-Vie ni Moutarde , d'où réſulte qu'auſdits Vinaigriers ſeuls , apartient la façon & vente dudit Vinaigre en gros & détail dans ladite Ville & Banlieuë de Rouen , laquelle ils peuvent fournir , voir trois fois d'avantage s'il étoit beſoin , pour ce que leſdits Vinaigriers ſont au nombre de ſeize habituez en tous les quartiers de ladite Ville , & que d'ailleurs ils ont chacun pluſieurs Serviteurs qui en portent journellement par la Ville , & s'ils ont chacun deux ou trois enfans prêts à tenir Boutique , en telles ſortes qu'avant trois ou quatre ans il y aura ſi grande quantité de Maîtres dudit Métier , qu'il n'y aura pas la moitié qui ſoient employez , & bien que leſdits Edit , Arrêts & Sentences de conſiſcation jugée contre leſdits Chandeliers , pour avoir acheté des Vinaigres , ayent dû leur impoſer ſilence ; néanmoins ils ſe ſont encore immiſſez en l'achat des Vinaigres aportez ſur les Quais de ladite Ville , prétendans

par une feconde fubtilité & traverfe , que ledit Métier de
Vinaigrier ayant été érigé à l'inftar des Vinaigriers de la
Ville de Paris , iceux Chandeliers peuvent acheter toutes
fortes de Vinaigres aportez par les Marchands Forains , &
expofez en vente fur lefdits Quais & Places Publiques de
ladite Ville , le revendre en détail aux Bourgeois & Habitans des Villages circonvoifins qui viennent aux Marchez :
mais lefdits Chandeliers n'ont juftifié que les Chandeliers de
Paris ayent ce Privilége , & feulement une atteftation man-
diée d'iceux Chandeliers de Paris , qui ne doivent être juges en leur propre Caufe ; car fi lefdits Chandeliers de Rouen
avoient le détail defdits Vinaigriers , ce feroit indirectement
empêcher l'effet de l'Edit & Arreft du Confeil , pour ce qu'ils
feroient faire les Vinaigres à une , deux & trois lieües de
ladite Ville de Rouen , & feroient aporter en icelle Ville
par perfonnes intriguans , puis feignant iceux Chandeliers de
les acheter , ils en feroient un plus grand trafic que les Maîtres dudit Métier de Vinaigrier , & d'avantage , fous prétexte de l'achat que lefdits Chandeliers pouroient faire d'i-
ceux Vinaigres & autres ; d'un Poinçon de Vinaigre ils en
feroient paffer dix Tonneaux par le moyen du remplage des
Vaiffeaux qui entretiennent toûjours leurs Aigres , en telle
forte que lefdits Chandeliers , fous prétexte du détail , fourniroient ladite Ville & Villages circonvoifins ; & rendroient
inutile & fans fruit ledit Métier de Vinaigrier : ce qui ne
feroit raifonnable , pour ce que ledit Métier n'a été érigé à
autre effet , que pour fournir de Vinaigre ladite Ville ; Ayant
été contraint lefdits Maitres de quitter les autres Métiers
qu'ils faifoient , & d'acheter bien cher ladite Maitrife , qui
feroit pour les faire fuccomber en une totalle ruïne , fi la raifon d'iceux Chandeliers avoit lieu ; L'Arreft donné au Parlement de Paris , à la pourfuite defdits Chandeliers de
Pontoife n'eft confidérable , pour ce qu'il ne faut pas faire
comparaifon d'une petite Ville où il n'y a Maitrife ré-
glée , à ce qui s'obferve dans une grande Ville , comme Rouen : d'ailleurs que dans aucunes Villes , il fe re-

marque des mixtions de Maitres qui ne font pas aux autres ; car dans ladite Ville de Pontoife , il n'y a aucuns Gardes dudit Métier , & feulement deux Maitres Vinaigriers , cela étant fait pour la commodité du Pays & diverfes confidéra-tions : l'Edit des Vinaigriers de Paris ne donne aucune per-miffion aux Chandeliers de vendre du Vinaigre en détail , encore moins l'Edit defdits Vinaigriers de Rouen , lequel eft poftérieur & fait pour une confidération plus particuliere : auffi n'a-t'on eu égard à toutes les raifons reprefentées par lefdits Chandeliers , pour foûtenir l'opofition qu'ils avoient formée à la vérification dudit Edit , de laquelle ils ont été émanez ; l'on ne s'eft point auffi arrêté à ce qu'ils ont allé-gué , qu'étant Echopiers , ils vendoient en détail toutes fortes de Denrées dont y a Métiers particuliers en ladite Vil-le : la conféquence en eft mal prife par lefdits Chandeliers; car ledit Métier de Vinaigrier a été établi principalement pour le détail & provifion de ladite Ville , & pour ôter la diftri-bution aufdits Chandeliers , lefquels ne doivent faire rien des chofes qui font à expofer au corps humain , comme il a été jugé par la deffenfe qui leur a été faite à la pourfuite des Epiciers , de vendre de l'Huile d'Olive , à raifon de la fale-té defdits Chandeliers , qui font trafic de Suif , Craye , Hui-le de Poiffon & autres Denrées dont le mélange eft dange-reux : tellement que lefdits Vinaigriers peuvent vendre , fai-re le Vinaigre , & en acheter des Marchands Forains qui en aportent , tout ainfi comme les autres Maitres du Mé-tier de ladite Ville , ont feuls le Privilége d'acheter les Denrées de leur Metier , qui font aportées par les Forains ; & ne fe peut commettre aucune monopole , pour être grand nombre de Maitres qui font l'achat des Vinaigres à l'envie l'un de l'autre ; c'eft la raifon pour laquelle ledit Bailly de Rouen par fa Sentence du quatorziéme Juin dernier a dit : à bon-ne caufe l'Aprochement fait des perfonnes, de Nicolas l'En-fant , Clément Boucher , Richard le Barbier, Richard Du-mont & Jean Thaurin , Maitres dudit Métier de Chande-lier , pour avoir par une contravention aux Ordonnances

&

& Réglemens dudit Métier , achats du Vinaigre fur les Quais de ladite Ville , pour en faire la revente , encore qu'ils ne foient de la Jurande dudit Métier de Vinaigrier , lefdits Aprochez condamnez chacun en trente fols d'Amende , moitié au Roy , & l'autre moitié envers lefdits Gardes avec dépens. Deffenfes faites aufdits Aprochez de plus commettre telle faute , ny contrevenir aux Ordonnances & Réglemens dudit Métier de Vinaigrier , fur les peines portées par iceux : & ordonné que lefdits Aprochez bailleroient aufdits Vinaigriers le Vinaigre par eux acheté , en leur payant par lefdits Vinaigriers , le prix d'icelles : conclut que ladite Sentence doit être confirmée avec dépens. Confidéré que ledit Métier de Chandelier eft un des meilleurs Métiers de Rouen auquel ils fe doivent contenter , fans vouloir ufurper le Métier d'autruy ; & que lefdits Vinaigriers n'ont que la feule vente du Vinaigre , & ouï le Guerchois pour le Procureur Général du Roi , lequel a adhéré aux Conclufions defdits Apellans : à ce qu'il leur foit permis pour la commodité publique , d'acheter des Vinaigres pour les revendre en détail , conformément audit Arreft & Réglement du Parlement de Paris , à la charge de la vifitation. LA COUR a mis & met ladite apellation & ce dont eft apellé au néant , & en amandant le Jugement , a fait & fait inhibitions & deffenfes aux Maitres dudit Métier de Chandelier en cette dite Ville & Banlieuë de Rouen , de faire aucuns Vinaigres , & néanmoins leur a permis & permet d'en vendre pour la commodité publique , & à cette fin en achater , tant des Vinaigriers de cette dite Ville que des Marchands Forains , à la charge de fouffrir la vifitation defdits Maitres & Gardes de Vinaigriers , & fans dépens. Fait comme deffus.

Collationné. *Signé* , CUSSON.

H

ARREST

DE LA COUR DE PARLEMENT
DE ROUEN,

QUI permet aux Marchands Chandeliers d'acheter du Bois aux Parcs & Ventes des Forêts, hors la Vicomté de Rouen, pour l'usage de leur Métier.

Du deux Juillet mil six cens quinze.

ENTRE Raullin le Boucher, Jacques le Boulenger, François Renauld, Henry de Fouet, Jean Loyer, Adrien Villers, Pierre le Boucher & Pierre Mery, Maitres particuliers du Métier de Chandelier en cette Ville de Rouen, Demandeurs & requérant l'entérinement d'une Requête par eux presentée à la Cour le treiziéme Juin dernier, & presens, par Maitre Alain Plichon leur Procureur d'une part : & le Procureur Général du Roi, d'autre : Après que Bosquet pour lesdits Chandeliers a dit, qu'ils ont presenté ladite Requête, par eux remontré que pour l'ordre de leur Métier, il leur est besoin de grand nombre de Bois à brûler, pour fondre & cuire leur Suif, & en faire de la Chandelle pour la commodité publique, à quoi ils ne pouroient satisfaire & fournir à l'avenir, pour raison du peu de Bois qui s'aporte sur les Quais de cette Ville, & que l'on n'en peut avoir qu'avec une extrême difficulté & incommodité : & d'autant que par Arreſt de la Cour & Réglement de la Police, publié depuis peu de tems : il eſt deffendu à toutes perſonnes d'acheter du Bois ſur les lieux, ſans avoir exprimé par ledit Arreſt juſques en quel endroit ſe doit étendre ladite deffenſe : auroit que par les anciens Etabliſſemens de la Police, il ſoit aſſez déclaré que leſdites deffenſes ſoient bornées à la Riviere Dandelle du côté d'Amont, & au Foſſé de Deuls du côté d'Aval. Néanmoins les Demandeurs n'auroient voulu entreprendre d'en aller acheter au-delà deſd. Rivieres ſans permiſſion de ladite Cour, attendu qu'il eſt notoire que les Bois du Seigneur & autres Bois qui croiſſent au-deſſus de la Riviere Dandelle, comme à Louviers, Andely, Vernon & au-delà & au-deſſous dudit Foſſé de Deuls, à ſçavoir ; Caudebec, Vateville, Aiſirs, la Varguerie, Tancarville & lieux circonvoiſins, ne s'aportent en cettedite Ville par les Marchands ordinaires, ainſi ſont achetez & déclarez par les Maitres des Heux & Navires qui vont à Caën, Dieppe & autres Villes juſqu'en Flandre ; & déclaré comme à Paris, requérant leſdits Chandeliers qu'il leur ſoit permis acheter & faire leurs Proviſions de Bois auſdits lieux éloignez, hors la Vicomté de Rouen, afin qu'ils puiſſent fournir de Chandelle au Public, & aporter moins de confuſion ſur les Quais : & que le Guerchois pour le Procureur Général du Roi, a dit ne vouloir empêcher les fins de ladite Requête pour les conſidérations contenuës en icelle. LA COUR ayant égard à ladite Requête, a permis & permet auſdits Chandeliers d'aller acheter du Bois aux Pays uſitez des Foreſts hors la Vicomté de Rouen, & autres lieux dont l'uſage eſt deſtiné pour la commodité de notredite Ville, & en faire aporter en icelle pour leur Proviſion & uſage de leurs Métiers, leur faiſant inhibitions & deffenſes d'en abuſer ni commettre aucunes fraudes, ſur peine de trois cens livres d'Amende, aplicables ſuivant les Ordonnances & Réglemens de la Police, dont le tiers ſera ajugé au Dénonciateur. Fait comme deſſus.

Collationné. *Signé*, DE BOISLEVESQUE.

ARREST

DU CONSEIL PRIVÉ

DU ROY,

ENTRE LES VINAIGRIERS

ET LES MARCHANDS CHANDELIERS,

*QUI renvoye au Parlement de Rouen , pour être fait Ré-
glement entre les deux Communautés.*

Du vingt - un Octobre mil sept cens vingt.

Extrait des Registres du Conseil Privé du Roy.

ENTRE les Maitres & Gardes du Métier de Vinaigrier , Aigrier & Moutardier & Faiseurs d'Eau-de-
Vie de la Ville de Rouen , Demandeurs en Requête du 21 Novembre 1612. Commission dudit jour , & autres Commis-
sions des 6 Aoust 1614. & 22. Juin 1620. d'une part ;
Et les Maitres & Gardes du Métier de Chandelier , repre-
sentez par Gille Hulle , l'un des Jurez dudit métier , deffendeur d'autre : Vû par le Roi en son Conseil ladite Requête du 21 Novembre 1612. tendante , afin que les Edits
de Sa Majesté & Arrests de son Conseil , touchant la Maitrise dudit métier de Vinaigrier , soient exécutés selon leur
forme & teneur , & leur accorder main-levée de la surséan-
ce portée par le Cahier des Etats de Normandie , & faire
défenses

deffenfes à toutes perfonnes de s'entremettre à l'exercice dudit métier , empêcher ni troubler les Supiians en la joüiffance d'icelui ; Arreft fur ladite Requête, par lequel il eft ordonné que lefdits Maitres & Gardes dudit métier de Vinaigrier de ladite Ville & Banlieuë de Rouen , exerceront leurdit métier , fuivant les Arrefts du Confeil des 13 Avril &
7 Aouft 1609 , & de lad. Cour de Parlement de Rouen , des
14 & 26 Janvier 1620 ; & pour le furplus de ladite Requête , feront les Parties affignées au Confeil , pour icelles
oüies être ordonné ce que de raifon , Commiffion fur ledit
Arreft defdits jours , mois & an , lefdites Commiffions de
furannation des 5 Aouft 1614. & 22 Juin 1620. Procès
Verbal de fignification , tant dudit Arreft du 21 Novembre 1612. que defdites Commiffions aufdits Chandeliers , &
Affignation à eux donnée audit Confeil du 2. Juillet 1620.
ladite Requête du 15 Septembre ; tendante , afin qu'en inter-
prêtant l'Arreft dudit Confeil du 15. Décembre 1614. &
fans avoir égard à ceux du Parlement de Rouen , des 14.
& 26. Janvier 1610. & 24. Janvier 1614 , ordonner que les
Supiians feront maintenus en la joüiffance de leurdit métier ,
Statuts & Ordonnances d'icelui ; & ce faifant , que défenfes feront faites aufdits Chandeliers , Epiciers , Apoticaires ,
Tonneliers , & tous autres qui ne feront de la Jurande de
Vinaigrier , de faire ni acheter aucun Vinaigre , Aigre ,
Moutarde , ni Eau-de-Vie pour revendre au Public , foit
en gros ou en détail , fur les peines portées par lefdites Ordonnances , & à cette fin , enjoindre au Bailly de Rouen
de tenir la main à l'exécution dudit Edit , Ordonnances ,
Arrefts & Sentences de lui données , fans y aporter aucun
changement ni modération , à peine d'en répondre en fon
nom des dépens , dommages & intérefts des Parties , apoin-
temens en droit pris entre les Parties , pardevant le Commiffaire à ce député , des 18 Aouft & 17 Septembre 1620.
Ecritures defdites Parties , Edit de création dudit métier de
Vinaigrier , & les Articles & Statuts d'icelui , du mois d'O-
ctobre 1606. Arreft de vérification dudit Edit audit Parle-

ment de Rouen , du 6 Novembre audit an. 'Arreſt dudit
Conſeil des 16 Février & 10 Septembre 1607. ſur la vérifi-
tion dudit Edit. Arreſt dudit Conſeil du 13. Avril 1609.
portant défenſes aux Maitres & Gardes d'Apoticaire, Epicier & Cirier de Rouen , de troubler & empêcher leſdits
Vinaigriers en la joüiſſance de leur métier, à peine d'amende arbitraire , dépens , dommages & intéreſts , & ſur l'exécution de l'Edit , les Parties renvoyées par devant le Bailly de Rouen , & par Apel au Parlement. Arreſt dudit Parlement de Rouen , portant que la viſitation des Vinaigriers
ſera faite par les Maitres & Gardes dudit Métier de Vinaigrier , un Tonnelier & un Courtier de Vin : enſemble du 26
Janvier 1610. Autre Arreſt dudit Parlement , portant deffenſes auſdits Vinaigriers d'expoſer aucuns Vinaigres corrom-
pus , ſur peine de punition corporelle , & permis aux Maitres & Gardes de Tonneliers & Vinaigriers les viſiter , du
quatorze Janvier 1610. Autre Arreſt dudit Parlement du 24
Janvier 1614. par lequel deffenſes ſont faites auſdits Chandeliers de Rouen , de faire aucuns Vinaigres , & néanmoins
leur eſt permis d'en vendre pour la commodité publique ; &
à cette fin en acheter , tant des Vinaigriers de Rouen que
des Marchands Forains , à la charge de ſouffrir la viſitation
deſdits Maitres & Gardes de Vinaigriers ſans dépens. Arreſt dudit Conſeil du dix Décembre 1614. par lequel les
Parties & leurs differens , ſur l'exécution dudit Edit des Vinaigriers , ſont renvoyez par-devant le Bailly de Rouen ;
& par apel audit Parlement de Rouen , conformément à
l'Arreſt dudit Conſeil du treize Aouſt 1609. Sentence dudit
Bailly de Rouen , ſur le Réglement dudit Métier de Vinaigrier avec les Epiciers-Ciriers , Chandeliers , Tonneliers &
autres des années 1608 , 1609 , 1612 , 1613 , 1614 ,
1617 , 1618 & 1620. Sentence du Prevôt de Paris du 13
May 1613. Arreſt du Parlement de Paris du vingt-huit Décembre 1598. portant deffenſes aux Epiciers & Chandeliers
de Pontoiſe de faire ni façonner aucun Vinaigre , & néanmoins permis d'en acheter & tenir en leurs Boutiques, pour

les revendre & debiter , à la charge de les visiter par les
Maitres Vinaigriers. Arrest dudit Parlement de Rouen entre
Jean Daulmont , Bourgeois dudit Rouen , Apellant d'une
part , & les Maitres & Gardes du Métier de Vinaigrier ,
Moutardier, Faiseur d'Eau-de-vie de ladite Ville, d'autre , du
troisiéme Février 1611. Autre Arrest dudit Parlement , entre Michel Aubin , Bourgeois de Rouen , Apellant , d'une
part , & lesdits Vinaigriers , d'autre , du dix-neuviéme Octobre
audit an : Accord fait entre Jacques Dupont Maitre Vinaigrier à Paris , & Michel Nocent , & Marguerite Durain ,
du troisiéme Juin 1620. Certificat de quelque Courtier de
Vins de ladite Ville de Rouen de visitation de Vinaigre ,
du quinziéme Février 1619. Sentence dudit Bailly de Rouen,
entre lesdits Jurez Vinaigriers de Rouen & aucuns Vinaigriers de ladite Ville, du dix-huitiéme desdits mois & an ; &
tout ce qui a été mis & produit par lesdites Parties , par-
devers le Sieur Renard , Conseiller de Sa Majesté en ses
Conseils d'Etat & Privé , & Maitre des Requêtes ordinaires
de son Hôtel , Commissaire à ce député ; oüi son raport :
LE ROY EN SON CONSEIL , faisant droit sur ladite Instance , a renvoyé les Parties en la Cour de Parlement de Rouen , pour y procéder entr'eux sur leurs Procès
& differens , & leur être pourvû sur le Réglement de leurs
Métiers , suivant & conformément à leurs Statuts , Vérification d'iceux , & Arrests dudit Parlement , ainsi qu'il apartiendra par raison : & à condamné lesdits Gardes du Métier
de Vinaigrier aux dépens , modérez à cent livres. Fait au
Conseil Privé du Roy , tenu à Paris le vingt-& uniéme jour
d'Octobre 1620.

Signé , LE TENEUR. Avec Paraphe.

ARREST

DU PARLEMENT DE ROUEN,

QUI ordonne l'Exécution de l'Arreft du 24 Janvier 1614.

Du 18 May 1621.

LOUIS PAR LA GRACE DE DIEU, ROY DE FRANCE ET DE NAVARRE : A tous ceux qui ces Lettres verront. SALUT ; Sçavoir faifons, que cejourd'hui la Caufe offrant en Nôtre Cour de Parlement ; Entre Jacques Dupont Marchand, demeurant en la Ville de Paris, Apellant de Sentence donnée par le Bailly de Roüen ou fon Lieutenant audit lieu, le dix-neuviéme jour de Décembre mil fix cens vingt : Par laquelle pour avoir fait aporter de ladite Ville de Paris en cette Ville de Roüen, le nombre de cinq Tonneaux de Vinaigre pour les y vendre, il avoit été condamné en fix livres d'Amende, les deux tiers à Nous, & l'autre tiers aux Maitres Gardes du Métier de Vinaigrier, Aigrier & Moutardier, & Faifeur d'Eau-de-vie de cette Ville, & aux dépens defdits Gardes; & défenfes faites audit Dupont & tous autres, d'aporter aucun Vinaigre en cette dite Ville ; à peine de forfaiture & confifcation, & autres peines au cas apartenant : comparant par Maitre Guillaume Ruellon fon Procureur, d'une part ; Et lefdits Maitres & Gardes de Vinaigrier, Aigrier & Moutardier en cette dte Ville de Roüen, Intimés & Défendeurs en Requête ; Prefens Guillaume Bouille &
Maf-

Maffiot Hellye Gardes à prefent : Et par Maitre Robert Duboc leur Procureur, d'autre ; En la prefence de Richard le
Barbier , Clement le Boucher , Guillaume Galle , & Guillaume Thors , Maitres & Gardes année prefente du Métier de Marchand Chandelier-Echopier en cette dite Ville
& Banlieuë de Roüen ; Demandeurs en Requête du treiziéme de ce mois : tendante à être reçûs Parties intervenantes
audit Procés , prefens en perfonne ; aprés que ledit Baul-
dry pour ledit Dupont, a conclud audit apel , & à caffa-
tion de la Sentence dont eft apellé & foûtenu ; qu'en réformant le Jugement , il doit être dit , qu'au refus defdits
Maitres & Gardes de Vinaigrier , d'avoir voulu vifiter lefdits Vinaigres , fuivant les Sommations & pourfuites contre
eux faites ; ledit Dupont en doit avoir main-levée & délivrance pour les vendre en gros , foit aufdits Vinaigriers
ou aux autres perfonnes qui fe prefenteront pour les acheter , & outre qu'ils feront condamnez aux dépens, dommages & intérêts dudit Dupont , du déchet & empirance
de ladite Marchandife , en empêchement par eux donné à
ladite vente , Decahaignes pour lefdits Maitres & Gardes de
Chandelier fuplié être reçûs Parties audit Procès , & foûtenu de fa part ; que fuivant l'Arreft de Nôtre Cour du vingt-
quatriéme jour de Janvier 1614 , confirmé par deux autres
Arrêts donnez à notre Confeil Privé, les dixiéme Décembre
audit an , & vingt-uniéme jour d'Octobre 1620. il foit loifible aufdits Chandeliers d'acheter defdits Vinaigres , foit defdits Vinaigriers de cette Ville , ou des Marchands Forains
qui en font aport, pour les revendre en détail pour la commodité publique ; à la charge de fouffrir la vifitation defdits
Gardes de Vinaigrier , & que Gyot pour lefdits Maitres &
Gardes de Vinaigrier, a conclud à confirmation de ladite
Sentence , & foûtenu que fans avoir égard à la Requête d'intervention defdits Maitres & Gardes de Chandelier , lefdits
Vinaigriers devoient être maintenus en leurs Priviléges , Statuts & Réglemens vérifiez en nôtredite Cour, ne demeurant
d'accord de la Confirmation alléguée par lefdits Chandeliers ,

K

par lefdits Arrêts du Confeil , au contraire, que par iceux les Parties font renvoyées en nôtredite Cour , pour procéder fur l'exécution defdits Satuts , fuivant les Arrêts de vérification d'iceux qui font conformes , à ce qui eft obfervé par la Police de la Ville de Paris , pour le fait des Vinaigres : autrement leurdit Métier feroit inutile , par le monopolle & interpofition que feroient lefdits Chandeliers de Marchands Forains pour aporter des Vinaigres, du vice defquels ils ne feroient refponfables, comme font lefdits Maîtres & Gardes de Vinaigrier , de la compofition qu'ils font de leurfdits Vinaigres ; Et oüi le Guecrhois pour notre Procureur Général. NÔTREDITE COUR, par fon Jugement & Arreft , a reçû & reçoit lefdits Maitres & Gardes de Chandelier Parties au Procés ; & faifant droit fur l'apèl dudit Dupont, a mis & met ladite apellation , & ce dont eft apélé au néant ; & en amandant le Jugement , a ordonné & ordonne , que l'Arreft de nôtredite Cour du vingt-quatriéme Janvier 1614. fera exécuté felon fa forme & teneur. Et néanmoins fait défenfes aufdits Chandeliers & autres , d'y faire ni commettre aucune fraude , fur les peines qui y échéoient , a condamné & condamne lefdits Maitres & Gardes de Vinaigrier aux dépens , dommages & interêts des faifies telles que de raifon envers ledit Dupont. SI DONNONS EN MANDEMENT : Au premier des Huiffiers de nôtredite Cour de Parlement, ou autre nôtre Huiffier ou Sergent fur ce requis , ce prefent Arreft mettre à düe & entiére exécution felon fa forme & teneur ; en tant qu'il en fera à exécuter de la part dudit Dupont , contraignant à ce faire fouffrir & y obéir tous ceux qu'il apartiendra , & qui pour ce feront à contraindre par toutes voyes düës & raifonnables ; de ce faire lui donnons pouvoir & autorité ; mandons & commandons à tous nos Jufticiers , Officiers & Sujets à eux, en ce faifant obéïr. En témoins de ce nous y avons fait mettre notre Scel. Donné à Rouen en nôtredite Cour de Parlement , le dix-huitiéme jour de May , l'an de Grace 1621. Et de notre Régne le douziéme. Signé, par la Cour, ᴌᴇ Sᴜᴇᴜʀ. Un Paraphe. Et ſcellé en double queuë avec un contre-Sceau de cire jaune. Et ſur le dos eſt écrit. Scéllé le dix-neuviéme May 1621. Avec deux Paraphes. *Et plus bas,* eſt écrit. Collationnée par moy Conſeiller-Secretaire du Roy, Maiſon & Couronne de France, & Audiencier en la Chancellerie de Normandie. Signé, Fᴇ ʀ ᴏ ɴ. Un Paraphe.

Collationné par moy Greffier en Chef de Police au Bailliage de Rouen, ſur les Vidimus collationnés par les Sieurs Cuſſon Notaires-Secretaires en la Cour, le 24. Septembre 1625, & par laquelle collation faite, ledit Vidimus rendu aux Gardes Chandeliers, ce 4 Janvier 1701. Signé, DE DUN.

LETTRES PATENTES

OBTENUES

DE LOUIS XIII.

PORTANT Confirmation des anciens Statuts & Réglemens de la Communauté des Marchands Chandeliers.

DONNE'ES à Paris au mois de May 1622.

LOUIS PAR LA GRACE DE DIEU, ROY DE FRANCE ET DE NAVARRE : A tous presens & à venir SALUT. Sçavoir faisons.

Que nous avons reçû l'humble suplication de nos chers & bien Amés les Maitres & Gardes de la Maîtrise de Marchand Chandelier-Echopier de notre Ville & Banlieuë de Rouen : contenant que les Rois nos Prédécesseurs, pour la commodité publique des Habitans de notredite Ville, & pour faire cesler les abus & malversations qui se commettoient audit Métier, auroient fait plusieurs Statuts, Ordonnances & Réglemens à plein spécifiez & déclarez ès Lettres de Chartre qui en furent expédiées au mois de May 1403. vérifiées & confirmées par autres Lettres de notre feu Seigneur & Pere que Dieu absout du mois de Septembre 1603. suivant lesquelles ont été donnez plusieurs Sentences, Jugemens & Arrests, tant en notre Cour de Parlement de Rouen qu'au Bailly dudit lieu ; pour l'observation

desdits

defdits Statuts , lefquels ont toujours depuis été entretenus
& obfervez jufqu'a prefent ; & defirant lefdits Suplians iceux
faire entretenir & garder à l'avenir : ils nous ont aulli requis nos Lettres de Confirmation ; A CES CAUSES , defirant favorablement traiter lefdits Expofans , après avoir
fait voir en notre Confeil lefdites Lettres de Chartre des
mois de May 1403. & de Septembre 1603. Sentences , Jugemens & Arrefts , intervenus en conféquence , ci-attachez
fous notre contre-Scel ; de l'avis dicelui & de nôtre certaine fcience , pleine puiffance & autorité Royale. Avons tous
lefdits Statuts , Réglemens & Ordonnances , Lettres de
Chartre , Sentences , Jugemens & Arrefts intervenus jufqu'au
jourd'huy , confirmez , autorifez & aprouvez : confirmons , autorifons & aprouvons par ces Prefentes. Voulons
& nous plaît qu'ils foient inviolablement gardez & obfervez,
& entretenus de point en point felon leur forme & teneur,
fans qu'il y foit contrevenu , pour joüir par les Suplians dudit Métier de Chandelier-Echopier en notredite Ville & Banlieuë de Rouen , vente & revente des Marchandifes & Denrées qui en dépendent , dès-lors & ainfi qu'ils en ont bien &
düëment joüi & ufé , jouïffent & ufent encore de prefent. SI
DONNONS EN MANDEMENT: par ces Prefentes, à nos
Amés & Feaux les Gens tenant notre Cour de Parlement
de Rouen , Bailly dudit lieu ou fon Lieutenant ; & à tous
nos autres Jufticiers & Officiers qu'il apartiendra. Que de
nos Prefentes confirmations & autres ci deffus , ils faffent ,
fouffrent & laiffent lefdits Suplians joüir & ufer pleinement
& paifiblement , contraignant à ce , faire fouffrir & obéïr
tous aufquels apartiendra par toutes voyes düës & raifonnables , nonobftant opofition ou apellation quelconques , pour
lefquelles ne fera differé. CAR TEL EST NOTRE PLAI-
SIR. Et afin que ce foit chofe ferme & ftable à toujours.
Nous avons fait mettre notre Scel aufdites Prefentes , fauf
en autre chofe notre droit & l'autruy en toutes. Donné à
Paris le fixiéme jour de Mars l'An de Grace 1622. &
de notre Régne le douziéme. *Vifa.*

L.

Signé , CONTENTOR. *Et plus bas : Par le Roi.*
Signé COUPEAU.

Regiſtré ès Regiſtres de la Cour : oüi le Procureur Géné-
ral du Roi , ſuivant l'Arreſt de la Cour de ce jour , & aux
charges & réſervations y contenuës , à Rouen en Parlemeut
ce 22 Aouſt 1624. ,Signé. , DE BOISLEVESQUE.

SENTENCE

RENDUE EN BAILLIAGE

A ROUEN,

PORTANT Confiſcation de Chandelle étrangere.

Du vingt Novembre 1631.

L'AN de Grace mil ſix cens trente & un , le Jeudy
vingtiéme jour de Novembre : en Jugement devant
Nous Robert Duval , Ecuyer Conſeiller du Roi, notre Sire,
Lieutenant Général en la Vicomté de Rouen : Thomas
Blacheford , Marchand Anglois , demeurant à Rouen , a
été duëment apellé & mis en deffaut vers les Maitres &
Gardes année preſente du Métier de Marchand Chandelier
en cette Ville & Banlieuë : preſens par Maitre Thomas
Davoult leur Procureur , & aparu de la relation de Maitre
Gille Denis , Huiſſier en cette Vicomté, d'autre ; du dix-
neuviéme de ce mois , contenant comme à la Requête deſdits Gardes , & en vertu du Mandement de deffaut , donné de nous ledit jour : il avoit fait Aſſignation audit Blachefort , à comparoir cejourd'huy par-devant Nous , afin de
ſauver ou amender ledit Deffaut, & répondre jouxte, & aux
fins contenuës audit Deffaut & Mandement ; & voir ordon-

ner que le nombre d'onze cens foixante & deux livres &
demie de Chandelle , arrêtées & aprochées par lefdits Gardes , y compris les Caiffes , fuivant le Procès-Verbal de Jacques Mauger , Sergent du dixiéme de ce mois , trouvez
dans une petite Barque ou Aleger , étant fur la Riviere devant les Quais de cette Ville , dont eft Maitre après Dieu ,
Olivier du Noir d'Honfleur , demeureront confifquées , comme ayant été manufacturées en Angleterre & Pays étran-
gers , & aportez en cette Ville , contre & au préjudice
des Ordonnances de leurdit Métier : Arrefts & Réglemens
fur ce enfuivis avec dépens de l'Aprochement , vû lequel dé-
faut & relation devant dattés , & autre Deffaut précédent ,
& que ledit Mauger Sergent ayant fait ledit Aprochement ,
a reprefenté un échantillon de la Chandelle aprochée , cache-
tée & fcellée , lequel a été ouvert & vû en la prefence du
Procureur du Roi & defdits Gardes : enfemble de David
le Tort , Gardien defdites Caiffes aprochées , affifté de
Grimoin fon Procureur ; & après avoir fait faire la ruptu-
re de viron deux livres de ladite Chandelle , & que lefdits
Gardes ont dit , qu'icelle eft embouquée & vicieufe , en ce
qu'aux premiers lits de ladite Chandelle jufqu'à la moitié ou
environ : icelle eft faite de Suif de Maftonier , du tout vicieux & deftendu d'employer à la Manufacture de Chandelle , lequel Suif de Maftonier eft couvert d'autre Suif meilleur , & qui fert de parement pour cacher le vice qui eft
en ladite Chandelle , au moyen dequoi , foûtenoient à bonne caufe , foûtenoient l'Aprochement ; & que toutes les
Marchandifes aprochées , qui eft pareille audit échantillon ,
doit être confifquée , pour éviter aux abus qui fe peuvent
commettre au préjudice du Public : que ladite Chandelle fera refondue & mife en Pain de Suif pour fervir aux Cour-
royeurs , pour les deniers en provenans , en avoir le tiers ,
fuivant l'Ordonnance dudit Métier , avec deffenfes d'en faire venir , fur les peines au cas apartenant , avec deffenfes
de l'Aprochement : le Procureur du Roi a dit , que par les
Ordonnances de tous les Métiers , aux Villes de Polices :

il n'eſt loiſible à autres perſonnes qu'à ceux deſdits Métiers,
de faire aucunes Manufactures qui en dépendent, & moins
encore d'aporter d'Angleterre ou Pays Étranger les Marchandiſes manufacturées dépendantes d'icelui Métiers : & outre que par les Ordonnances & Réglemens deſdits Métier de
Chandelier, il eſt deffendu d'employer aucun Suif de Maſtonier ni autre mauvais Suif en la Manufacture de ladite Chandelle, ce qui ſe trouve avoir été fait à la Chandelle aprochée, pour leſquelles raiſons il en ſoûtenoit avec leſdits Gardes la confiſcation, requerant que ladite Chandelle ſoit venduë au Neuf Marché, & diſtribuée au Peuple avec expreſ-
ſion de rice, & à tel prix que Juſtice l'en trouvera à propos pour les deniers céder du lieu de la choſe confiſquée,
ſans qu'il ſoit loiſible aux Chandeliers d'en acheter : ſurquoi
pris l'avis des Aſſiſtans, & après que leſdits Gardes, pris
par Serment, ont juré ladite Chandelle être embouquée
& faite au-deſſous dudit Suif de Maſtonier. IL EST DIT,
que leſdits Défauts ont été jugez bien obtenus, & pour
le profit d'iceux : à bonne cauſe ledit Aprochement, &
que ladite Chandelle aprochée demeurera forfaite & confiſquée, ſur ce au préalable pris un cent de ladite Chandelle,
pour être délivrée également aux quatre Religions Mandien-
nes de cette Ville, & le ſurplus vendu ſur le pied de trois
fols la livre, cejourd'huy deux heures de relevée, en la Place du Neuf Marché, preſence dudit Procureur du Roy,
ſans que leſdits Chandeliers en puiſſent acheter : à laquelle
fin ledit Gardien ſera contraint de les repreſenter pour les
deux tiers des deniers en provenans, demeurer au Roi, &
l'autre tiers auſdits Gardes, les frais & dépens dudit Aprochement en préalable pris ſur ledit tiers ; & deffenſes faites
audit Blachefort & tous autres, de faire venir Chandelle
manufacturée de cettedite Ville, & auſdits Chandeliers d'employer aucun Suif de Maſtonier & autres Suifs n'étant propre
à faire Chandelle : le tout à peine de confiſcation & de cinquante livres d'Amende, leſquels dépens ont été réſervez &
taxez. Fait comme deſſus. *Signé*, DUVAL & Du Houe.

A R-

ARREST

DE LA COUR DE PARLEMENT

DE ROUEN,

Portant Défenfes à toutes perfonnes de vendre ni d'acheter aucuns Suifs, qu'ils n'ayent été expofez 24 heures fur le Port, & marquez par les Marchands & Gardes Chandeliers.

Du huit May mil fix cens quarante-fept.

ENTRE Pierre Godfroy, Pierre Guiffard, Robert le Hulle, Guillaume Quimbel & Martin le Flamen, Maitres du Métier de Chandelier en cette Ville & Banlieüe de Rouen ; tant pour eux que pour tous les autres Maitres dudit Métier ; Demandeurs en Clameur de Haro par eux interjeté fur Nicolas Macmac Marchand à Roüen ; afin de voir ordonner qu'il fera tenu fe défaifir de la Marchandife de Suif de Mofcovie par lui acheté du Sieur Oville Marchand Anglois, & icelle mettre en leurs mains au même prix de la vente, pour par eux diftribuer ledit Suif aux Métiers qui en ont néceffité ; fuivant l'ufage & ordre accoûtumé : comparent par Maitre Pierre Halain leur Procureur, d'une part ; & ledit Macmac Défendeur prefent, & par Maitre Jullien Lemery fon Procureur, d'autre ; en la prefence de Margue-

M

rin Bataille, Jacques Lamy , Pierre Picqueley , Maitres &
Anciens Gardes du Métier de Corroyeur en cette Ville , pour
eux & les autres Maitres dudit Métier , ayant donné adjonction audit Haro, prefens , & par ledit Heleine leur Procureur d'un autre part , fans prendre de qualitez : Oüi Bau-
dry Avocat pour lefdits Chandeliers & Corroyeurs , qui a
dit que les énarremens qu'ont accoûtumé de faire les Marchands : notamment ledit Macmac , de Marchandifes de
Suif , foit pour la faire tranfporter hors la Ville , ou la re-
tenant en leurs Seulles & Magazins , la revendre à regrat ;
ont obligé lefdits Chandeliers à former ladite voye de Haro
en queftion , pour faire dire que ledit Macmac fera tenu
mettre en leurs mains la Marchandife de Suif par lui achetée
dudit Oville , aux prix & conditions du Marché qui en a
été fait , pour en faire par eux la diftribution au Public ,
fuivant l'ufage accoûtumé ; pour à quoy parvenir lefdits Chandeliers fuplient la Cour d'obferver que leur Métier étant de
Police par plufieurs Arrêts de la Cour , Ordonnances & Réglemens de la Police ; Il leur eft enjoint tenir leurs Boutiques fournies de Marchandifes de Suif : tant de celui propre
à faire Chandelle , qu'autre Suif brun ou Suif bis , comme eft celui en queftion qui fe diftribuë par eux aux Cor-
royeurs , Bâtiers , Cordonniers , Bourliers, Savetiers, Maitres de Navires & autres Métiers qui en ont néceffité pour la
Manufacture de leurs Ouvrages : cela demeurant comme il
eft conftant , aucun autre que lefdits Chandeliers ne peut
vendre ni debiter en détail ces fortes de Marchadifes, il faut donc
que leurs Boutiques foient fournies de toutes fortes de Suifs ,
de quelque qualité qu'il puiffe être ; or ayant lefdits Chandeliers fçu que ledit Macmac avoit fait achat dudit Oville , du
Suif de Mofcovie en queftion , qui eft jufqu'au nombre de
douze milliers , & faifoit pefer icelui au poid de la Vicomté , iceux Chandeliers avoient été en néceffité prendre
ladite voye de Haro, pour être faifis à fon préjudice , auquel
lefdits Corroyeurs ont donné adjonction pour la confervation
des droits de leur Métier , & n'être pas obligez de pren-

dre ſi grand nombre de Suif en gros chez les Marchands , qui n'ont la liberté d'en vendre en détail avec leſdits Chande-liers , deſquels ils en prennent pour leur néceſſité , per-ſiſtans à ſes Concluſions & Demandes , & Dépens. Villaſtre Avocat dudit Macmac a ſoûtenu ledit Haro incivil & injurieux , autant que la prétention des Parties eſt inju-ſte , pour ce que la liberté doit être publique & entiere dans le Commerce ; & l'intérêt du Public en cet égard eſt préférable à celui des Demandeurs : leſquels ont pû acheter cette Marchandiſe , ayant poſé ſur les Quais & en Seulle le tems porté par les Arrêts & Réglemens : Auſſi ce que les Demandeurs en font eſt plûtôt pour énarer & revendre ladite Marchandiſe , que pour s'en ſervir à leur Métier , au-quel elle n'eſt aucunement propre , ſi bien que s'ils en avoient employé à la Chandelle , ils ſeroient Amendables : Auſſi toutesfois & quantes que les Artiſans & Corps de Métier ont voulu choquer cette liberté du Commerce , ils y ont été mal venus ; ainſi que la Cour a jugé contre les Tanneurs & Cor-royeurs , au profit des Marchands en gros , par deux Ar-rêts , l'un de la Grand'Chambre , l'autre depuis ſix mois en cette Chambre , partant vû que ledit Défendeur eſt Mar-chand François & Bourgeois de Rouen , que l'achat qu'il a fait eſt peu conſidérable ; vû le grand nombre de Suif de toute ſorte qui eſt en cette Ville , & qu'on ne peut lui im-puter ſans calomnie, qu'il ait jamais énaré aucune Marchan-diſe , il ſoûtient qu'il doit être dit à tort ledit Haro ; & qu'il ſera permis de diſpoſer de ladite Marchandiſe avec dépens Et le Guerchois Avocat Général, pour le Procureur Général du Roy : LA COUR en la Chambre , de l'Edit : oüi le Procureur Général du Roy , ſur le Haro, a envoyé & en-voye les Parties hors de Cour & de Procés , en faiſant droit ſur les Concluſions des Parties , a ordonné & ordonne que ledit Macmac baillera la moitié de la Marchandiſe en que-ſtion aux Chandeliers au prix qu'elle lui a coûté ; & faiſant droit ſur l'outre plus des Concluſions dudit Procureur Géne-ral & de ſes Parties , a fait & fait inhibitions & défenſes à toutes perfonnes d'énarer ni acheter aucunes Marchandifes, qu'elles n'ayent pofé vingt-quatre heures fur les Quais , fur les peines portées par les Réglemens de la Police fans dé- pèns. Fait comme deffus. *Collationné.*

Signé, DE MEDINE.

ARREST

ARREST
DE LA COUR DE PARLEMENT
DE ROUEN,

QUI *fait Défenses de mettre les Suifs pro-*
venans de l'Abatis de la Province en Ba-
rils , ni de les énarer hors de la Provin-
ce ; mais de les vendre au Marché.

Du 29 Janvier 1652.

EXTRAIT DES REGISTRES
De la Cour de Parlement de Roüen.

ENTRE Loüise la Thuilier, Veuve de Nicolas Hebert,
Apellante de Sentence renduë par le Vicomte de Rouen ,
ou son Lieutenant , le vingtiéme jour d'Octobre dernier ,
renvoyée procéder à la Cour sur ledit Apel , adjournée
en vertu du Mandement de la Chambre des Vacations , &
Demanderesse , suivant le Mandement de la Cour du dix-
huitiéme jour de Novembre dernier , d'une part : Martin le
Flamen , Pierre Godefray , Clément Tardif & Gabriel le
Barbier , Maitres & Gardes année presente du Métier de
Chandelier à Rouen , Apellez & Demandeurs sur ledit Mandement de la Chambre des Vacations , du vingt-cinquiéme

N

Octobre précédent, d'autre : Jean Duval , Jean Lurier &
Richard le Maire , Marchands , Bourgeois du Havre de
Grace , adjournez en vertu dudit Mandement à l'inftance
de ladite la Thuilier , d'autre part. VU PAR LA
COUR l'Arreft d'icelle , par lequel avoit été ordonné
aux Parties , mettre leurs Piéces par-devers ladite Cour ,
pour leur être fait droit, du vingt-deuxiéme jour de Décembre dernier : ladite Sentence dont eft apellé du vingtiéme
Octobre , donnée entre lefdits Maitres & Gardes
Chandeliers , Demandeurs en Arreft & Aprochement par
eux fait de vingt-cinq Barils & fix Bariques pleines de Suif ,
comme apartenant à Jean Gaucher Marchand , Bourgeois
de Rouen , duquel avoit fait décharger fous fon nom , fuivant la déclaration qu'il en avoit paffée à l'Hôtel de Ville
le dix-neuviéme jour dudit mois , afin de voir juger la confifcation , & fe voir condamner en l'amende Portée par
les Réglemens & Arrefts de la Cour , pour avoir contrevenu à iceux , d'une part : de Louïs Hebert , ftipulant pour
fa Mere , Chandelier demeurant à Paris : s'étant prefenté
en Caufe & pris le fait & charge dudit Gaucher , d'autre
part ; par laquelle Sentence , & faute par lefdits Deffendeurs
de reconnoître le fait pofé par lefdits Chandeliers : que ledit Suif aproché étoit du crû des Pays : avoit été dit , à
bonne caufe l'Aprochement , à ce moyen ledit Suif arrêté ,
déclaré confifqué , ledit Hubert audit nom , condamné en
cent livres d'Amende envers le Roy , dont du tout le tiers
étoit jugé aufdits Gardes avec dépens , de laquelle Sentence
ledit Hebert avoit déclaré apeller , fur lequel Apel les Parties avoient été renvoyées fe pourvoir à la Cour prefente-
ment. Requête prefentée à la Chambre des Vacations le
vingt-cinq dudit mois , fur lequel leur avoit été octroyé
Mandement pour procéder fur ledit Apel : Exploit de fignification du troifiéme jour de Novembre enfuivant , avec
Mandement de la Cour obtenu par ladite le Thuilier : &
Exploit d'icelle fait aufdits Duval, Lurier & le Maire, pour
être ouïs en l'état de la Caufe , & répondre à fes Conclufions,

comme ayant vendu ledit Suif des dix-huit & vingt & uniéme dudit mois. Procès-Verbal de Robert Lefguillon Sergent,
de la Saifie dudit Suif du dix-neuviéme Octobre. Extrait
des Statuts & Ordonnances dudit Métier de Chandelier à
Rouen, du premier Décembre 1551. Sentence du Vicomte de Rouen du cinquiéme Aouft 1650. Arrefts de la Cour
du neuviéme Aouft 1638. & vingt-fixiéme Octobre 1640.
Mémoire ou partie de ce que ladite Veuve Hubert doit à
Mardochée Bertin, Marchand au Havre, pour l'achat de
Suif y mentionné, arrêté le treiziéme Octobre dernier. Lettre dudit Louïs Hebert, adreflée audit Gaucher, du treiziéme jour dudit mois. Extrait du Regiftre des poids du
Roi au Havre, dudit jour treiziéme Octobre, en ce que
lefdites Parties ont mis & produit par-devers ladite Cour.
TOUT CONSIDE'RE': LA COUR a mis & met l'apellation & ce dont eft apellé au néant, émandant le Jugement : a dit, à bonne caufe l'Aprochement ; ordonné que
les Suifs arrêtez dont eft queftion, feront vendus en cette
Ville de Rouen ; & pour la contravention aux Réglemens
de la Police, a condanmé & condamne l'Apellante en fix
cens livres d'Amende aplicable ; fçavoir, cent cinquante livres aux Religieux Carmes pour leurs Meffes du Palais,
deux cens cinquante livres aux Cires de la Cour ; cent livres au Pain des Prifonniers ; & cent livres aux Gardes dudit
Métier : fait inhibitions & deffenfes à l'Apellante & à tous
autres Marchands, de mettre les Suifs provenans de cette
Province en Barils, ainfi les vendre en Pain aux Marchez,
ni de les démarer hors d'icelle, à peine de confifcation :
ordonné que les Réglemens concernans lefdits Suifs, feront
gardez & exécutez felon leur forme & teneur ; & le Prefent lù, publié & affiché aux Marchez des Villes &
Bourgs de cette Province, à ce qu'aucun n'en prétende
caufe d'ignorance, a condamné ladite Apellante aux
dépens envers les Intimez, taxez & modérez à la fomme
de cinquante livres : & en outre le raport & coût du prefent Arreft ; & en faifant droit fur le Mandement obtenu

par ledit Hebert contre lefdits Lurier & Duval, a renvoyé ledit Lurier hors de Cour fans dépens , a condamné ledit Hebert aux dépens envers ledit Duval, taxez & liquidez à la fomme de vingt livres. Fait à Rouen en Parlement le vingt-neuviéme jour de Janvier mil fix cens cinquante-deux , & prononcé aux Procureurs des Parties ledit jour & an. Collationné *Signé* , VAIGNON.

Lecture & Publication du préfent Arreſt a été faite par moi Robert de la Porte , Huiſſier du Roy en la Cour de Parlement de Rouen , cejourd'huy quinziéme jour de Mars mil fix cens cinquante-deux , à la Requéte deſdits le Flamen, Godfroy , Tardif & le Barbier , Gardes dudit Métier de Chandelier , tant aux Carefours de cette Ville de Rouen , que ſur les Quais d'icelle , à ſon de Trompe , à ce qu'aucune perſonne n'en prétende cauſe d'ignorance , préſence de Guillaume Grivois Trompette , & à laquelle fin j'ay affiché par Placard Copie dudit Arreſt aux Carefours & Portes du Quay , préſence des Aſſiſtans.

Signé , DELAPORTE.

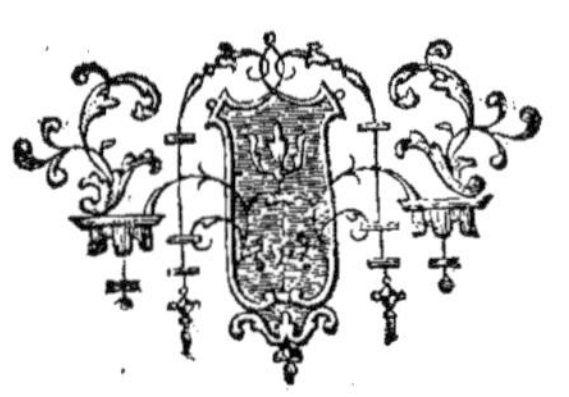

ARREST

ARREST

DU PARLEMENT DE ROUEN,

QUI permet aux Marchands Chandeliers d'acheter des Vinaigres des Maitres Vinaigriers, & autres Marchands Forains, pour iceux revendre à petite mesure seulement, jusques & compris la chopine, faisant la moitié du pot, mesure de Rouen.

Du quinze Mars mil six cens cinquante-six.

Extrait des Registres de la Cour de Parlement.

ENTRE les Maitres & Gardes année presente du Métier de Vinaigrier, Aigrier, Moutardier & Faiseur d'Eau-de-vie en la Ville & Banlieuë de Rouen; Demandeurs en Saisie par eux fait faire de nombres de Bariques de Vinaigre, & deux petits Barils, l'un de quinze à seize pots, & l'autre de six Pots ou environ, trouvez aux Maisons de Nicolas Simon & Pierre Godefroy, Maitres Chandeliers audit Roüen, lors vendans lesdits deux Barils, suivant le Procès Verbal de Maitre Nicolas Marc Huillier en la Cour, du seize Juillet dernier, impetrant du Mandement de la Cour du septiéme jour dudit mois, pour proceder sur ladite Saisie & interpellation de l'Arrest de ladite Cour du vingt-quatriéme jour de Janvier mil six cens quatorze, d'une part; Et lesdits Simon & Godefroy Chandeliers, Défendeurs de ladite Saisie, & adjournés en vertu dudit Mandement: Et les Maitres &

O

Gardes année préfente dudit Métier de Chandelier , leur ayant donné adjonction, d'autre part. Vû par la Cour l'Arreſt d'icelle du cinquiéme jour d'Aouſt dernier d'apointé au Conſeil entre les Parties , pour leur être fait droit ; & cependant par Proviſion & ſans préjudice du droit des Parties , avoit été ajugé main-levée audit Simon & Godefroy , des Vinaigres ſaiſis : Statuts & Ordonnances dudit Métier de Vinaigrier , Déclaration du Roy Henry quatriéme ſur ce obtenuë , du mois d'Octobre mil ſix cens ſix , & Lettres d'attribution à la Chambre des Vacations , du ſeptiéme jour de Septembre audit an : Arreſt de vérification en ladite Chambre , du ſixiéme jour de Novembre en ſuivant , Lettres Patentes de Confirmation du ſixiéme jour de Décembre audit an ; Arreſt du Conſeil Privé du Roy , du ſeiſiéme jour de Février mil ſix cens ſept : Sentence du Bailli de Rouen , des dix-ſeptiéme jour d'Octobre , & ſixieme jour de Novembre audit an dernier, May mil ſix cens huit , quatorziéme jour de Juin mil ſix cens treize : Ledit Arreſt de la Cour du vingt-quatriéme jour de Janvier mil ſix cens quatorze , portant caſſation de ladite Sentence du Bailly du quatorziéme Juin mil ſix cens treize ; & en émandant le Jugement , avoit été fait inhibitions & défenſes aux Maitres du Métier de Chandelier en ladite Ville & Banlieuë de Rouen , de faire aucuns Vinaigres ; & néanmoins leur avoit été fait inhibitions & défenſes auſdits Maitres du Métier de Chandelier en ladite Ville & Banlieuë de Rouen , de faire aucuns Vinaigres ; & néanmoins leur avoit été permis d'en vendre pour la commodité publique , & à cette fin en acheter , tant des Vinaigriers de cettedite Ville , que des Marchands Forains ; à la charge de ſouffrir la viſitation deſdits Maitres & Gardes Vinaigriers : Procès Verbal dudit Marc Huillier, de ladite Saiſie par lui faite à l'inſtance deſdits Gardes Vinaigriers , ès Maiſons deſdits Simon & Godefroy , du ſeiziéme jour de Juillet dernier. Requête preſentée à la Cour par leſdits Vinaigriers , ſur laquelle leur avoit été accordé ledit Mandement du dix-ſeptiéme jour dudit mois , & d'Exploit de *Si-*

55

gnification dudit jour : Arreſt du Conſeil Privé du Roy , du
dixiéme jour de Décembre mil ſix cens quatorze , par lequel les Parties avoient été renvoyées ſur leurs différens &
érection dudit Edit de Vinaigrier , en premiere Inſtance devant le Bailly de Rouen ou ſon Lieutenant ; & par apel à
la Cour : concluſions des Parties , & ce qu'elles ont produit
pardevers ladite Cour ; ſuivant les Inventaires atteſtés de leurs
Procureurs : TOUT CONSIDERE' ; La Cour faiſant droit
ſur le Mandement , a condamné & condamne leſdites Parties dudit Godefroy en ſoixante ſols d'Amende envers le
Roy ; & ſur les Concluſions des Parties , a permis auſdits
Simon Godefroy , Maitres Chandeliers , d'acheter des Vinaigres deſdits Maitres Vinaigriers , & autres Marchands Forains , pour iceux revendre à petite meſure ſeulement , juſques & compris la chopine , faiſant la moitié d'un pot , meſure de Roüen , avec défenſes de faire aucuns Vinaigres , conformément audit Arreſt de l'An mil ſix cens quatorze , & a
condamné le Corps dudit Métier de Chandelier aux dépens
envers leſdits Vinaigriers , taxez & liquidez à la ſomme de
trente livres , en outre le raport , vacation extraordinaire &
couſt du preſent Arreſt. FAIT à Roüen en Parlement le
quinziéme Mars mil ſix cens cinquante-ſix. Signé , VAIGNON.
Son Paraphe. Et à côté eſt écrit. Contrôlé le 21 Mars 1656.
Collationné. Signé , LE FEVRE.

ARREST

DE LA COUR DE PARLEMENT DE ROUEN,

QUI fait Défenfes aux Epiciers de la Ville de Rouen de faire Revente d'aucunes Chandelles, Bois, ni même d'aucun Beure, autrement qu'en pot, & non en détail.

Du dix-neuf Aouft 1664.

Extrait des Regiftres de la Cour de Parlement de Rouen.

ENTRE les Maitres & Gardes année prefente de l'Etat d'Apoticaire, Epicier-Cirier en cette Ville de Rouen, Apellans de Sentence renduë par le Bailly de Rouen ou fon Lieutenant audit lieu, le neuf Juillet 1663. & anticipez d'une part ; & les Maitres & Gardes année prefente du Métier de Chandelier-Echopier en cettedite Ville, Intimez & Anticipans. VU par la Cour l'Arreft d'apointé au Confeil entre les Parties, pour leur être fait droit : ladite Sentence dont eft apellé du neuf Juillet, renduë fur l'Aprochement fait par les Gardes Chandeliers à Anne Sermentot, Veuve de Claude le Maitre, Epicier, pour fe voir condamner en Amende, & lui être fait deffenfe à l'avenir de vendre du Beure, de la Chandelle, du Bois & autres chofes dépendantes dudit Métier de Chandelier : par laquelle avoit été dit ; à bonne caufe ledit Aprochement : ladite Sermentot condamnée en trente fols d'Amende envers le Roi, & défenfe à elle faite & à tous autres Epiciers de cette Ville & Banlieuë, de faire revente d'aucune Chandelle, Bois, ni

même

même d'aucun Beure autrement qu'en Pot ; & non en détail, avec dépens, payables par les Gardes & par l'Aproché par moitié. Exploit d'interjetion d'apel par lefdits Apoticaires - Epiciers - Ciriers , du dix-fept Juillet , relief dudit Apel & Exploit des premier & dix Aouft dernier. Lettres d'anticipation & Exploit du 21 Novembre audit an. Lettres Patentes de confirmation des Statuts dudit Métier de Chandelier , du vingt-huit Avril 1403. Sentence du Bailly de Rouen , fur plufieurs Aprochemens faits par lefdits Apoticaires - Epiciers - Ciriers , à plufieurs Chandeliers , du vingt-deux May 1551. neuf Aouft 1591. dix-huit Février 1590. dix-neuf , & cinq Octobre 1600. Arreft de la Cour des onze May 1601 , vingt-deux Aouft 1624, quatorze Aouft 1625 , quatorze Février 1631. Autre Sentence concernant ledit Métier de Chandelier des vingt-cinq Octobre 1570, neuf Avril 1578 , vingt Octobre 1582 , 12 Juin 1630, huit Février 1638 , deux Mars 1640 , vingt Octobre 43 , huit Janvier 46 , dix-huit Janvier 1653 , vingt-neuf Mars 1656, fix Juin 1663. Plufieurs Procès-Verbaux d'Aprochemens & Saifies faites à la Requête defdits Maitres & Gardes Chandeliers. Arreft du Confeil Privé du Roi, du vingt-fept Septembre 1659. Arrefts du Parlement de Paris des quatre Juillet 1654. & onze Aouft dernier. Requête prefentée par lefdits Maitres & Gardes Chandeliers , pour faire recevoir lefdits trois Arrefts au jugement du Procès. Réponfe defdits Apoticaires , ateftation de plufieurs Maitres & Gardes année prefente de l'Etat Apotiquaire , Epiciers-Ciriers en la Ville de Paris , du quinze Mars dernier : conclufions defdites Parties , & tout ce qu'elles ont mis par-devers la Cour, fuivant leurs Inventaires atteftez de leurs Procureurs : Tout confidéré. LA COUR a envoyé & envoye fur l'apel les Parties hors de Cour & de Procès fans dépens : payeront lefdits Gardes Apoticaires le Raport , Vacation extraordinaire & coût du prefent Arreft. A Rouen en Parlement le dix-neuf d'Aouft mil fix cens foixante & quatre.

Signé , · AUZANET. *Collationné , Signé ,* H E U Z E'.

P.

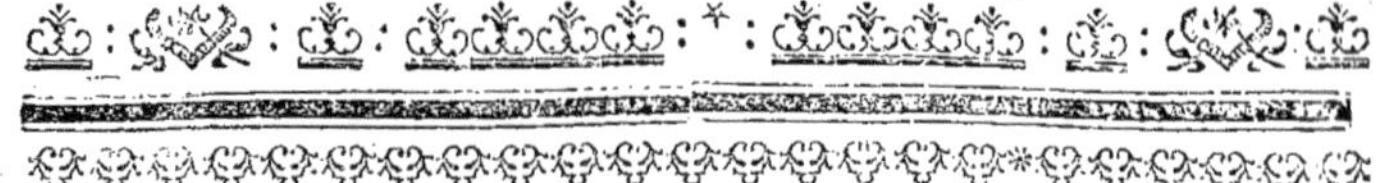

SENTENCE
DE LA VICOMTE'
DE ROUEN,

QUI fait Défenses à tous Marchands de faire mettre en Seulle aucuns Suifs venans par Mer ou par Terre , qu'il n'ait posé pendant 24 heures sur les Quais de cette Ville , & être visités par les Gardes , suivant les Réglemens ; sous peine de Confiscation.

Du dix-neuf Mars 1666.

L'AN de Grace mil six cens soixante & six , le Vendredi dix-neuvéme jour de Mars en Jugement devant Nous , Leon Maynet , Ecuyer , Conseiller du Roi , Vicomte de Rouen : Entre les Maitres & Gardes année presente du Métier de Chandelier - Echopier , en la Ville & Banlieuë de Rouen , Demandeurs en Aprochement de Saisie par eux fait faire de vingt-quatre Barils de Suif de Hollande , apartenant à Joachim Collin Bocquet , en sa maison & Seulle size hors le Pont de cette Ville , & qui auroient été mis en ladite Seule , sans avoir posé vingt-quatre heures sur les Quais de cette Ville , ni avoir été vûs ni visitez par lesdits Gardes : le tout , suivant les Réglemens de la Police , Statuts & Ordonnances dudit Métier de Chandelier , comparens lefdits Maitres & Gardes en perfonne , & par Maitre Yfambard Nicolle leur Procureur , d'une part : & ledit Collin fur ce pourfuivi , Deffendeur , comparent par Maitre Jacques Davoult fon Procureur , d'autre part : Et Nicolas Gueffelin fait venir par lefdits Gardes , pour voir juger la confifcation dudit Suif , d'une autre part : Après que lefdits Gardes ont dit qu'étant ladite Marchandife de Suif venuë aufdits Collin & Gueffelain , qu'ils l'avoient fait décharger à Launey , dont ils avoient fait enlever icelle , porter à la Romaine en vifite , fait reporter en la Maifon & Jardin dudit Collin hors le Pont , où elle avoit été expofée en vente par Courtiers , fous le nom dudit Gueffelin , fans avoir aux termes des Réglemens , pofé fur les Quais de cette Ville , ni être vifitée par les Gardes , & Gueffelin venu à leur connoiffance , ils l'avoient fait faifir & adjourner lefdits Collin & Gueffelin , pour en voir juger la confifcation ; en conféquence duquel Aprochement avoit été ordonné du premier jour que ladite Marchandife feroit vifitée , ce que lefdits Gardes ont fait , & ne s'eft trouvé aucun vice audit Suif duquel ils demandent néanmoins la confifcation pour la contravention defdits Aprochez , aux Réglemens , avec dépens , fauf au Procureur du Roi à conclure pour l'Amende , ainfi qu'il advifera bien être , par lui Gueffelin , a été dit qu'il ne reclame rien à ladite Marchandife pour ce lui apartenir ainfi audit Collin , reconnoît que pour l'abfence d'icelui Collin , qu'il l'avoit fait décharger à Launey à la priere de fa femme , fait aporter ladite Marchandife à la Romaine pour en acquiter les Droits , & à l'inftant fait répofter icelle au Jardin dudit Collin , où elle a été faifie , demande fa décharge de l'Action avec dépens du contredit , & par ledit Collin a été dit , que par inadvertance & en fon abfence , ledit Gueffelin a fait aporter ladite Marchandife en fon Jardin hors le Pont , fans l'avoir fait pofer fur les Quais , pourquoi & attendu que par la vifite que les Gardes en ont faite , il ne s'y eft trouvé aucun vice , qu'il n'a eu deffein de

la faire tranfporter, cé qu'il déclare, que c'eſt pour être conſommée en cette Ville, où elle eſt preſentement dans ſa Seulle : ſoûtenir à tort ledit Aprochement, & que main-levée lui doit être accordée de ladite Marchandiſe, avec intérſts & dépens. Sur quoi, oüi le Procureur du Roi : IL EST DIT, à bonne cauſe ledit Aprochement, avec dépens, & néanmoins vû la déclaration deſdits Gardes que la Marchandiſe n'eſt vicieuſe de graiſſe, ledit Colin diſpenſé de l'Amende, délivrance à lui accordée de ſon Suif aproché, parce que défenſes lui ſont faites & à tous autres Marchands de faire mettre en Seulle aucun Suif venant par Mer ou par Terre, qu'il n'ait poſé vingt-quatre heures ſur les Quais de cette Ville, pour être viſitez par leſdits Gardes, ſuivant les Réglemens, à peine de confication, leſquels dépens ont été par nous modérez & taxez à la ſomme de
ces preſentes compriſes à laquelle fin eſt mandé au preſent Huiſſier ou Sergent Royal ſur ce requis, le contenu en ces Preſentes, mettre à duë & entiere exécution, ſelon leur forme & teneur, de la part deſdits Gardes. Donné comme deſſus.

Signé, LE TAC.

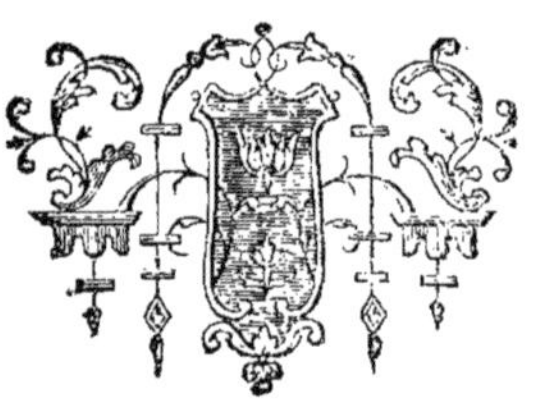

ARREST

ARREST

DE LA COUR DE PARLEMENT

DE ROUEN,

Qui fait Défenses de marquer les Barils de Suif d'une autre Marque, que celle du Pays d'où elles viennent.

Du huit Aoust 1669.

Extrait des Regiſtres de la Cour de Parlement.

ENTRE les Maitres & Gardes du Métier de Chande-lier de cette Ville, Apellans de Sentence renduë par le Vicomte dudit lieu ou ſon Lieutenant, le cinquiéme jour de Février 1669, d'une part; & Perrogrin Benjamin, Marchand, Intimé audit apel, & Demandeur ſuivant le Mandement de la Cour du dix-neuviéme jour de Mars der-nier, d'autre; En la préſence des Conſeillers-Echevins de ladite Ville de Rouen, ajourné, en vertu dudit Mande-ment, d'une autre part. VU par la Cour l'Arreſt d'apoin-tement, pour être fait droit aux Parties : ladite Sentence dont eſt apellé, renduë ſur l'Aprochement & Saiſie requiſe par leſdits Maitres & Gardes Chandeliers, de douze Piéces de Suif de marque, du nombre de trente-cinq, par eux viſitées, comme apartenantes audit Benjamin, attendu que ledit Suif n'étoit de la qualité du Suif de marque ve-

Q

nant d'Hollande , quoiqu'il en portoit la marque : lefdits Chandeliers Demandeurs de la confifcation dudit Suif , par laquelle Sentence , avant que faire droit au principal , avoit été ordonné qu'il feroit fait effay du Baril de Suif faifi , duquel il feroit fait de la Chandelle en l'Hôtel des Cordeliers dans trois jours , prefence des Confeillers-Commiffaires , Procureur du Roi , defdits Gardes & Vincent le Mettais , & de Jacques le Tellier Marchands , nommez d'Office , pour être ladite Chandelle faite par un Chandelier qui feroit propofé par ledit Benjamin pour ce faire ; & lefdits Marchands ouïs fur la qualité & bonté de ladite Chandelle , être fait droit aufdites Parties ainfi qu'il apartiendra. Ecrits & Griefs defdits Chandeliers & de Réponfe dudit Benjamain , ledit Mandement obtenu par ledit Benjamin , pour faire venir en l'état de la Caufe lefdits Echevins. Exploit de fignification du dix-neuviéme jour de Mars dernier. Extrait de certain Livre des Statuts dudit Métier de Chandelier : par lequel il eft permis aufdits Gardes de faire vifiter les Suifs. Copie d'Arreft de la Cour du neuviéme Aouft 1628. par lequel Arreft auroit été fait défenfe au Marchand , tant de cette Ville que Forains , de déguifer les Suifs : à peine de confifcation. Sentence du Vicomte de Rouen du neuviéme jour de Mars 1666. par laquelle défenfes auroient été faites à tous Marchands , de mettre aucuns Suifs en Seule , qu'ils n'euffent pofé vingt-quatre heures fur les Quais , pour être vifitez par les Gardes dudit Métier de Chandelier , à peine de confifcation , fuivant les Réglemens , Acte de Jurande des Gardes dudit Métier du vingt-feptiéme jour de Mars 1667. portant permiffion de la vifiter. Sentence dudit Vicomte de Rouen du dix-neuviéme jour d'Avril 1666. par laquelle avoit été dit : à bonne caufe l'Aprochement être furfis , du nommé Leonard avec dépens , au moyen , ordonner que lefdits Suifs feront raportez fur les Quais , pour par lefdits Gardes en faire la vifite. Procès-Verbal de ladite Saifie & arrêt d'onze Barils de Suif , apartenans audit Benjamin , du vingtiéme jour d'Aouſt 1668. Arreſt de la Cour du vingtiéme Octobre dernier. Autre Procès-Verbal de Saiſie fait en conſéquence dudit Arreſt le vingt-deux dudit mois, deſdits douze Barils de Suif avec établiſſement de Commiſſaires. Copie d'Information par-devers les Marchands le onze Janvier dernier. Sentence du Vicomte de Rouen des vingt & un & vingt-trois May 1613. Lettres Miſſives envoyées de Roterdam audit Benjamain les ſept & vingt & uniéme Juin 1668. Compte de Marchandiſes envoyées dudit lieu de Roterdam audit Benjamin. Certificat délivré audit lieu, le cinquiéme Septembre dernier, comme les Suifs étoient bons & loyaux. Procès-Verbaux des quatorze, quinze & ſeiziéme Février dernier, contenant les déclarations paſſées par les Marchands y dénommez ſur la viſite par eux faites des Suifs en queſtion. Ecrit de raiſons deſdits Echevins, contenant leurs concluſions, demandant que l'Arreſt qui interviendroit fut donné en forme de Réglement, & que leurs dépens leur fuſſent ajugez ſur celle des Parties qui déchoiroit. Réponſe deſdits Chandeliers audit Ecrit de moyens d'intervention deſdits Echevins. Copies de Sentences & Arreſts de la Cour des neuviéme Octobre 1591, ſeiziéme Novembre 1598. & Septembre 1603, ving-deux Aouſt 1624, neuviéme Aouſt 1628, dix-neuviéme Juillet 1634, vingt & hutiéme dudit mois, trois Octobre audit an, cinquiéme Juillet 1635, neuviéme Janvier 1636, vingt-ſix Octobre 1640, & vingt-quatre Novembre audit an, de tout ce que les Parties ont mis par-devers la Cour, & oüi le Conſeiller-Commiſſaire en ſon Raport : Tout conſidéré. LA COUR, a mis l'apellation & ce dont eſt apellé au néant, en réformant : dit à bonne cauſe l'aprochement : ſera néanmoins ledit Benjamin reſſaiſi des Suifs ſur lui arrêtez, leſquels il ne poura vendre comme Suifs de marque, & icelui condamné aux demi dépens envers leſdits Gardes Chandeliers, le ſurplus des dépens compenſez : payera ledit Benjamin le Raport, Vacation extraordinaire & coût de l'Arreſt. Fait à Rouen en Parlement le huitiéme jour d'Aouſt l'An 1669.

Collationné. *Signé*, BONNEL.

ARREST

DE LA COUR DE PARLEMENT

DE ROUEN,

QUI permet aux Marchands Chandeliers de vifiter les Ciriers-Apoticaires & Blanchiffeurs de
Cire, après en avoir obtenu un Mandement
du Juge, & fait défenfes de mêler du Suif avec
de la Cire.

Du onze Mars 1678.

ENTRE Guillaume Leonard Marchand Blanchiffeur de
Cire, demeurant à Eau-Plet, Apelant de Sentence rendüe par le Bailly de Roüen ou fon Lieutenant audit lieu,
le dix-feptiéme jour de Septembre dernier : Sur l'Aprochement & Saifie faite, Inftance des Maitres & Gardes Apoticaires - Epiciers & Ciriers audit Roüen, fur ledit Leonard,
par Exploit de Maitre Nicolas le Cauchois, Sergent Royal
audit lieu, le deuxiéme dudit mois de Septembre, contrôlé le lendemain : de fix Tonneaux & un Pannier de Cire
blanche en Pain ; l'un defquels Tonneaux, marqué Numero
foixante & dix-huit, Tarre quarante-quatre, tous enfoncez,
que lefdits Gardes ont trouvée vicieufe, pour y avoir du
Suif mêlé, defquels Tonneaux avoit été pris trente-huit Pains
pour échantillon, comme auffi avoit été pris un échantillon
de

de la Cire qui fe fabriquoit dans le couloir à la Cirerie même , dans un caveau allant fous la côte d'Eau-Plet , qui fut
ouvert : Sur ce que lefdits Gardes prétendoient en faire ou-
verture par un Serrurier , auroit été trouvé un grand Tonneau pefant viron dix-huit cens livres , un demi Tonneau
de neuf cens livres , un Baril de trois cens livres ; le tout
de Suif de Mouton dont avoit été pris échantillon , comme
auffi auroit été trouvé par ledit le Cauchois dans ledit Caveau trois grands Tonneaux , un demi Tonneau , un Baril
vuide de Suif , y ayant encore du Suif autour , & lefquels
ils auroient baillé en garde à la femme dudit Léonard , &
autrement Demandeur en adjournement , pour procéder fur
ladite Saifie , & voir ajuger la confifcation des chofes ci-
deffus , par laquelle Acte auroit été acordé aux Parties , de
leurs raifons & conclufions ; faifant droit fur lefquelles , à
bonne caufe l'Aprochement fait par lefdits Gardes Epiciers-
Ciriers , ledit Leonard aproché , condamné en cent livres
d'Amende envers le Roy , dont le tiers ajugé aufdits Gardes avec dépens dudit Aprochement ; défenfes faites audit
Leonard de garder ni retenir dans fa Manufacture de Cire
aucuns Suifs , fous plus grande peine ; & faifant droit fur
l'aprochement des Gardes Chandeliers , auffi à bonne caufe
ledit aprochement , ledit Leonard condamné aux dépens dudit aprochement envers lefdits Gardes , défenfes faites de faire
porter chez les Marchands aucuns Suifs , qu'auparavant ils
n'ayent été vifités par lefdits Gardes de Chandelier , anti-
cipé & défendeur en Requête prefentée à la Cour le premier
jour de Février dernier , par les Maitres & Gardes du Métier de Chandelier ; aux fins d'être reçûs Parties intervenantes
audit Procès , a fait défenfes aux Blanchiffeurs de Cire d'a-
cheter aucun Suif étranger , ni dans les Boucheries de cette
Ville , & en cas de contravention , que les Gardes dudit Métier feront autorifez de les vifiter & aprocher les Suifs qu'ils
auront acheté , comparent par Maitre Jean le Maignon,
fon Procureur d'une part ; & lefdits Maitres & Gardes Apo-
ticaire-Epiciers & Ciriers , Intimés audit apel , Anticipans &

R

Défendeurs de ladite Requeſte ; comparent par Maitre Loüis Audouart leur Procureur d'autre ; En la preſence deſdits Maitres & Gardes Chandeliers , Demandeurs en ladite Requête : comparens par Maitre Jean Pigache leur Procureur, d'une autre part , ſans préjudice des qualités : Oüi de Cahaigne Avocat pour ledit Léonard , lequel a conclu à ſon apel. Du Hecquet Avocat pour leſdits Maitres & Gardes Chandeliers , qui a dit que la Sentence n'eſt rendûë contradictoirement avec leſdits Gardes Chandeliers ; c'eſt pourquoy encore que l'Apelant & les Intimés n'ayant pas voulu mettre leſdits Chandeliers en l'état de la Cauſe : Sur l'apel ils ne pouvoient pas empêcher leur intervention , laquelle eſt d'autant plus juſte qu'elle conſerve non ſeulement l'interêt deſdits Chandeliers : mais elle eſt conjointe avec l'intérêt public ; car premierement en ce qui regarde l'intérêts particulier deſdits Chandeliers , ils ont juſte ſujet d'empêcher que d'autres perſonnes qu'eux ne faſſent leur Mètier , lequel néanmoins ſe fait exercer , tant par les Blanchiſſeurs , que par les Epiciers-Ciriers , leſquels impunément vendent du Suif , ſous prétexte qu'ils le veulent faire paſſer pour de la Cire , à laquelle ils joignent le Suif en ſi grande quantité , qu'il y a preſque plus de Suif que de Cire , comme il ſe trouve juſtifié par les épreuves qui en ont été faites : Mais d'avantage , cette tromperie porte un très grand préjudice au Public ; en ce que la Chandelle qui eſt debitée par les Maitres Chandeliers n'eſt pas trop bonne , & néanmoins on ne peut empêcher , à cauſe de l'énarement & de l'achat indirect que fait le Blanchiſſeur de Cire des plus beaux Suifs , qu'ils ne font pas difficulté d'acheter cherement ; vû que ce qui leur coûte ſept à huit ſols la livre , ils le revendent vingt-quatre ou vingt-cinq , ſous prétexte de Cire , & les Epiciers - Ciriers la vendent juſqu'à vingt - huit ſols ; pourquoy , ce qu'il ne ſe peut jamais trouver un plus grand abus , ni plus préjudiciable au Public , demandent leſdits Chandeliers qu'il plaiſe en notre Cour , en confirmant à leur égard la Sentence dont Léonard eſt apellant , faire défenſes aux Blanchiſſeurs & aux Epiciers-Ciriers de la vendre avec

le Suif, fous quelque prétexte que ce foit , & qu'à cette fin
les Maitres Chandeliers foient autorifés, outre la vifite des fuifs,
dont ils font en poffeffion, lorfqu'ils font débarquez fur le Port
de cette Ville , & vifiter encore lefdits Blanchiffeurs de cire ,
ainfi que les Epiciers-Ciriers dans leurs boutiques & Maifons,
pour leur faire exécuter le Réglement , & pour les empêcher
d'avoir dans leurfdites Maifons du fuif , & le vendre & débiter avec de la cire , & que ledit Léonard fera condamné
à leurs dépens. Theroulde pour lefdits Maitres & Gardes Epiciers & Ciriers , lequel a demandé la confifcation defdites
cires faifies, comme étant défectueufes & mélangées de fuif,
conformément aufdits Arrefts ci-devant rendus ; & au furplus
que ladite Sentence dont eft apelé foit confirmée, & eft mal-
à-propos objectée par lefdits Chandeliers , que les Epiciers ne
doivent point vendre de fuif neuf avec de la cire , puifqu'ils
font bien éloignés d'en avoir le deffein, ayant fait l'aprochement dudit Léonard & autres Ciriers , pour empêcher ledit
mêlange du fuif & de la cire ; & non-feulement eux , mais
les Gardes qui ont été auparavant lui , ont travaillé fur le
même deffein , & obtenu plufieurs Arrêts ; & ont lefdits
Gardes dudit Métier travaillé fi utilement , que depuis deux
mois en ça ils ont fait confirmer la Sentence contre la Veuve Colino , autre Blanchiffeufe de cire , feroit refondûë, pour
être réduite en Pain de fuif , & venduë avec expreffion de
vice , ayant même lefdits Epiciers-Ciriers demandé au Juge
politique , qu'il n'en peut être vendu à aucun de leur Métier mal-à-propos , dont lefdits Chandeliers ont fait ce re-
proche aufdits Epiciers ; & s'il y a quelque cire vicieufe dans
les Boutiques il ne leur peut être imputé , parce que ce ne
font pas eux qui en font ni peuvent faire ce mêlange : mais
ils font obligez d'acheter defdits Blanchiffeurs avec le Vin ,
jufqu'à ce que la Cour y ait aporté le remede convenable ,
& lefdits Chandeliers s'arrogent mal-à-propos le droit de con-
trôle fur eux , puifque c'eft un Métier beaucoup inferieur du
leur , & fur lequel ils n'ont aucun droit de réforme ; puifqu'il
paroît que lefdits Epiciers-Ciriers ont toûjours travaillé à em-

pêcher tout defordre , & lefdits Chandeliers n'ont à voir que fur ceux de leur Métier , & à connoître fi leur Chandelle eft faite de bon Suif ou non , & n'ont aucun droit d'Infpection fur eux , n'étant pas même capables de connoître la défectuofité de la cire vicieufe , comme font lefdits Epiciers par les Experiences qu'ils en font journellement; & demandent que ledit Leonard foit condamné à tous dépens. Et le Guerchois premier Avocat Général du Roy , lequel a dit que quelques-uns font dans la penfée qu'il n'y a pas grand inconvenient de laiffer mêler le Suif & la cire , puifque de ce mêlange on en peut faire des Ouvrages en meilleur marché ; néanmoins il eftime du contraire , & que la tromperie qu'on pouroit faire au Public à ces chofes mélangées , lui donne fujet de demander l'exécution des Réglemens , pour faire vendre les chofes dans leur pureté , parce qu'autrement ce feroit une perpetuelle occafion de furprife dans le Public ; que les abus de mêler le Suif & la Cire , n'a commencé que depuis quelques années ; & s'eft augmenté à tel excès , qu'il excite les plaintes génerales de tout le monde ; Et les Epiciers qui ont excité ce Procès , parce qu'ils veulent peut-être avoir feuls le profit de ce mélange , fe trouverent auffi coupables de la même faute , fi la Cour trouve à propos , à l'heure même d'envoyer des Huiffiers dans leurs Boutiques , pour aporter des échantillons de la Cire qui s'y vend ; à quoy il conclut , & à la confirmation de ce qui a été jugé par le Bailli ; Et que défenfes feront faites aux Marchands Blanchiffeurs & aux Epiciers de mêler la cire avec le fuif , & permis aux Gardes Chandeliers intervenans en la Caufe, de vifiter les Epiciers , & faire les Aprochemens en cas de contravention : LA COUR, Parties oüies , enfemble le Procureur Général du Roy , a mis l'apellation au néant , ordonné que ce dont eft apelé fortira fon plein & entier effet , a condamné ledit Leonard en dix huit livres d'Amende envers le Roy & aux dépens ; a reçû lefdits Maitres & Gardes Chandeliers Parties intervenantes au Procès , & leur a permis de vifiter, tant les Maitres

tres

tres Ciriers-Apoticaires, que les Blanchiſſeurs de Ciré, aprés en avoir obtenu Mandement du Juge ; & faiſant droit ſur la requiſition du Procureur Général du Roy, a enjoint auſdits Maitres & Gardes Apoticaires-Ciriers, d'empêcher qu'il ne ſoit fait aucun mélange de Suif avec la Cire ; à peine d'en répondre à leur propre & privé nom, & de trois cens livres d'Amende, & ordonne que les Huiſſiers de la Cour ſe tranſporteront avec les Maitres & Gardes Chandeliers, dans les Boutiques des Maitres & Gardes Apotiquaires-Ciriers, pour prendre des échantillons des Cires œuvrées & non œuvrées, tant blanches que jaulnes, pour leſdits échantillons raportez en la Cour, être les principaux Marchands apellez, fait tel Réglement qu'il apartiendra. Fait comme deſſus. Colationné. *Signé*, S U A R D.

SENTENCE

RENDUE EN LA VICOMTÉ

DE ROUEN,

QUI fait Défenſes à toutes perſonnes de faire venir de la Chandelle œuvrée hors le Royaume.

Du vingt-ſept Septembre 1681.

L'AN de Grace mil ſix cens quatre-vintg-un , le Samedy vingt-ſeptiéme jour de Septembre, en Jugement devant Nous Leon Maynet, Ecuyer , Conſeiller du Roi , Vicomte de Rouen, entre honorables hommes Nicolas Chapelle , Loüis Auvray, Nicolas Yeury & Guillaume le Flament, Maitres & Gardes année preſente du métier de Chandelier à Rouen , Demandeurs à la dénontiation de honorables hommes , Antoine Hullard & Jacques Fortin , Maitres particuliers dudit métier , en Aprochement & Saiſie par eux fait faire , par Exploit de Loüis Chapelle Sergent, du ſeiſiéme de ce mois , Contrôlé le dix-huitiéme enſuivant, de trois Caiſſes pleines de Chandelle , apartenant à honorable homme Jean le Motteux , Marchand , trouvées au poids de la Vicomté de Rouen , & par lui venduë à Samuël d'Augincourt & autres, leſquelles il a fait venir œuvrées de Païs Etrangers , contre & au préjudice des Statuts & Reglemens dudit métier ; & autrement Demandeurs pour voir ordonner la confiſcation de ladite Chandelle , & que deffenſes ſeront faites audit le Motteux de commettre pareilles fautes à l'avenir ſur plus grandes peines , avec intereſts & dépens ,

prefens lefdits Gardes & Maitres Chandeliers , & par
Maitre Jacques le Sauvage leur Procureur , d'une part ; Et
ledit le Motteux pourfuivi aux fins que deffus , Deffendeur :
prefent & par Maitre Jerôme Ferey , fon Procureur , d'autre
part ; Après que lefdits Gardes ont foutenu les fins de
leur Aprochement , étant conftant que ledit le Motteux a
fait venir ladite Chandelle manufacturée du Pays d'Angleterre , fuivant le Connoiffement & Lettres d'avis , fait
tranflatté par ledit le Motteux , laquelle il avoit venduë
à Jean Baillet & audit d'Augincourt , fuivant qu'il paroît
par l'Extrait du Regiftre du poids de ladite Vicomté , ce
qui eft deffendu , tant par les Réglemens dudit métier ,
que par les Ordonnances de Sa Majefté , par lefquels il
eft prohibé à toutes perfonnes de faire venir ni aporter
en ce Pays aucunes Marchandifes manufacturées , afin que
les Ouvriers de ce Pays puiffent gagner leur vie , ce qu'ils
ne pourroient faire & ne feroient employez , fi les Marchands faifoient venir les Marchandifes manufacturées :
pourquoi foutient qu'il doit être dit à bonne caufe ledit
aprochement , & que ladite Marchandife doit être déclarée
confifquée avec intérefts & dépens , & que deffenfes feront
faites audit le Motteux & à tous autres , de faire venir
aucunes Marchandifes en cette Ville fur plus grandes peines , demandant l'ajonction de Monfieur le Procureur du
Roi , auquel les Parties ont conféré , & que ledit le Motteux a dit qu'ayant befoin de Chandelle pour fon ufage ,
il auroit écrit à un fien ami d'Angleterre , de lui en envoyer , comme étant meilleure que celle que l'on fabrique
en cette Ville , ce qu'il auroit fait defdites trois Caiffes
en queftion , lefquelles étant arrivées en cette Ville , fuivant les Connoiffemens & Lettres d'avis , dont le tranf-
lat auroit été fait , il les auroit fait aporter au poids de
la Vicomté , pour en faire pezer le nombre , aux fins de
le mander à Lami qui la lui avoit envoyée fuivant l'ordre
qu'il en avoit eu de ce faire , ne pouvant être d'aucune
conféquence de ce qu'audit poids de Vicomté , il en auroit

fait péfer partie pour ledit Baillet, l'autre pour ledit d'Augincourt, & l'autre pour le Parlant, étant une méprife de
Brouëttier qui auroit fait porter lefdites Caiffes, n'ayant
eu ledit le Motteux autre deffein que ladite Chandelle fût
pefée pour lui, comme elle lui étoit envoyée pour fon ufage, pour en avoir donné une partie audit d'Augincourt
fon beau-frere, l'on ne peut pas non-plus en induire, étant
une gratification qu'il lui a voulu faire ; pourquoi foutenu à tort
ledit aprochement, & qu'il aura main-levée de ladite Chandelle avec intérèts & dépens, furquoi ce que lefdits Gardes Chandeliers ont dit qu'il fe voit trop vifiblement que
ledit le Motteux auroit fait venir ladite Chandelle pour la
vendre ; puifque, comme dit eft, l'Extrait du poids de la
Vicomté porte qu'il y en auroit été pefé une Caiffe pour
ledit Baillet, l'autre pour ledit d'Augincourt, & l'autre
pour ledit le Motteux, n'étant pas dans le fens commun
que les Brouëttiers euffent de leur mouvement fait péfer une
Caiffe pour ledit Baillet, fans que ledit le Motteux leur
eut dit, ce qui marque de tout point évidemment la vente que ledit le Motteux en vouloit faire : pourquoi perfiftent lefdits Gardes à leurs Conclufions, demandant fur ledit aprochement l'ajonction du Procureur du Roi : furquoi
oüi ledit Procureur du Roi. IL EST DIT à bonne caufe
l'aprochement, à ce moyen ordonner que la Marchandife
aprochée demeurera confifquée, fçavoir les deux tiers au
Roi, & l'autre tiers aux Gardes avec dépens, aufquels ledit
le Motteux eft condamné ; deffenfes à lui faites, & à tous
autres, de faire venir aucunes Marchandifes manufacturées dehors du Royaume fur plus grandes peines, à laquelle fin la prefente Sentence fera luë, publiée & affichée aux Places & lieux
ordinaires de cette Ville, aux fins d'être notoire, lefquels
dépens ont été par nous taxez à la fomme de
ces prefentes comprifes, & mande au premier Huiffier ou
Sergent Royal fur ce requis, ces prefentes excécuter de
la part defdits Maitres & Gardes. Fait comme deffus.

Signé, LE TAC.

ARREST

ARREST

DE LA COUR DE PARLEMENT

DE ROUEN,

QUI maintient les Marchands Chandeliers dans la Revente des menus. Grains.

Du vingt quatre Novembre 1683.

LOUIS, PAR LA GRACE DE DIEU, ROY DE FRANCE ET DE NAVARRE : A tous ceux qui ces Lettres verront. SALUT ; Sçavoir faisons, qu'en la Cause dévolute en Nôtre Cour de Parlement ; Entre les Marchands de menus Grains de cette Ville de Rouen, Apellans de Sentence renduë par le Bailly dudit lieu ou son Lieutenant, le seiziéme jour de Janvier 1681. & anticipez d'une part, & les Maitres & Gardes du Métier de Marchand Chandelier-Echopier audit Rouen, Apellez, Anticipans & Défendeurs en Requête du 24 Avril audit an 1681. d'autre part : en la presence des Conseillers-Echevins de cette Ville, Demandeurs en ladite Requête d'Intervention, du 24 Avril 1681. d'autre. VU par notredite Cour l'Arrest d'icelle du dix-huitiéme jour de Juillet 1681. portant apointement à mettre les Piéces pour être fait droit aux Parties. Sentence renduë au Bailliage de Rouen le dix-sept Juillet 1677. Entre la Communauté des Mesureurs de Grains audit Rouen, Demandeurs en Saisies

T

Les marchands de menus graines qui etoient opposans a cet arrest sont mal fondez parceque lesd. marchands ne pouvoient pas vendre aucune graine dans leurs maisons ou Boutiques mais seulement dans la gelle raison pour laquelle les autres marchands refusoient d'y donner adjection puisqu'ils n'avoient aucun exercice libre que celuy que les maire leur & jamais leur donnoient en quelle nouveau jamais leur finance au Roy. ce titre doit etre executé par les Estats de 1692. de 1695. cité en la Note III. page 12. de ce Recueil.

74

& Aprochemēns par eux faits faire de plufieurs Mefures ,
fervans tant à l'Avoine qu'autres Grains , trouvées dans les
Boutiques & Maifons de plufieurs defdits Chandeliers , fuivant les Procès Verbaux Dallain & Torin Sergens , des
fept & douziéme Janvier audit an 1677. prétendans que
lefdits Chandeliers ne pouvoient avoir dans leurfdites Boutiques & maifons , aucunes Mefures fervans à l'avoine & autres Grains , d'une part : lefdits Chandeliers approchez ,
d'autre : les Maitres & Gardes du Metier de Chandelier ,
apellez par lefdits aprochez , pour leur donner adjonction
de la Communauté defdits Marchands de menus Grains :
Parties intervenantes d'autre part : par laquelle Sentence ,
vû ce qui réfulte de la Sentence renduë audit Bailliage le
douziéme jour de Février 1572. & de l'Ordonnance renduë
par les Commiffaires de la Police Générale les cinquiéme
jour de Mars 1599. lefdits Marchands Chandeliers auroient
été maintenus dans la liberté & pouvoir de vendre de l'a-
voine à petite mefure, fuivant & conformément aux anciens
Réglemens , & au regard de la revente des menus Grains,
defquels ils prétendoient avoir la faculté de faire pareille Revente : ordonner avant faire droit , qu'il feroit informé ,
tant de cours , poffeffion & ufage , que de la commodité
ou incommodité publique , pour l'information vûë & délibé-
rée , être donné aux Parties tel Reglement qu'il apartiendroit , dépens pendant en définitive ; relief d'apel de ladite
Sentence obtenuë par Jacques Delamettairie , pour lui & les
autres Marchands de menus Grains à Rouen le fixiéme jour
de Novembre audit an 1677. & Exploit du vingt-fix dudit
mois , de fignification faite d'icelui aux Chandeliers , avec
Affignation en notre Cour : information faite par le Lieutenant Général audit Bailliage de Rouen , le quatorziéme
Février 1572. à l'Inftance des Chandeliers , pour favoir les
chofes qu'ils avoient accoûtumé de revendre en leurs Boutiques. La Sentence renduë par ledit Juge en conféquence le douze dudit mois de Février. Copie de Sentence renduë audit Bailliage , le vingt-huitiéme Novembre 1595 ,

portant Réglement pour la Vente & Revente des Grains
en cette Ville , avec l'Arreſt de notredite Cour du ſeiziéme
de Décembre audit an , confirmatif d'icelle. Copie de l'Ordonnance deſdits Commiſſaires de la Police Générale , du
cinquiéme jour de Mars 1599. Sentence renduë audit Bailliage , le trois Novembre 1651. Entre Pierre Mollin Chandelier , & Nicolas Burel Marchand de Grains. Autre Sentence donnée audit Bailliage le vingt-huit Juillet 1667. Copies d'Arreſts de notredite Cour & Chambre des Vacations
des dix-ſept Juillet 1668. & vingt Septembre 1670. Sentences renduës audit Bailliage , les dix-huit Juillet 1671. &
dix-neuf Décembre 1675. Procès-Verbal deſdits Aproche-
ments faits par ledit Thorin Sergent , du douziéme jour
de Janvier 1677. Sentence renduë audit Bailliage en conſéquence , le quatorze dudit mois. Autres Sentences données
audit Siége les ving-cinq Février & vingt-trois Mars 1677 ,
vingt-quatre dudit mois de Mars , ſix · & vingt-quatriéme
Novembre enſuivant. Arreſt de notredite Cour du vingt-
neuviéme jour de Janvier 1680. par lequel ladite Sentence du dix-ſept Juillet 1677. auroit eté confirmée ſur l'apel
dudit Delamettairie avec dépens. *Vidimus* d'Arreſts du Parlement de Paris des vingt-neuf Juillet 1628. ſix May 1680.
rendus entre les Grainiers & Grainieres dudit lieu , & les
Chandeliers , par le premier deſquels il eſt dit : que leſdits Chandeliers pouront acheter par chacun jour de Marché , après l'heure de midi , chacun d'eux , juſqu'à la
quantité de ſix ſeptiers d'avoine , & deux ſeptiers de chacune ſorte de Grains & Légumes ſeulement , leſquels Grains
ils ne pourront vendre ni debiter autrement qu'à la petite
meſure : & par le ſecond , leſdits Chandeliers auroient été
maintenus & gardez au droit & liberté de vendre & debiter en leurs Boutiques toutes ſortes de Grains & Graines à
toutes meſures au-deſſous du Minot , comme Orges , Avoines , Pois , Féves , Millet , Chenevy , Rabette , Veſſe ,
Foin , Paille , & autres choſes ſemblables. Mandement obtenu par leſdits Chandeliers de cette Ville audit

Bailliage de Rouen le cinquième de Juin audit an 1680.
aux fins d'y faire apeller lesdits Marchands de menus Grains,
pour y procéder, suivant & en exécution de ladite Sentence du dix-sept Juillet 1677, confirmée par ledit Arrest
de notredite Cour du vingt-neuviéme de Janvier 1680:
& Exploit du six dudit mois de Juin, de signification faite
d'icelui ausdits Marchands de menus Grains, avec assignation audit Bailliage. Copie d'Acte de Donation faite par
les Echevins de cette Ville à Marie Gener, le vingt & un
Avril 1668. d'une Place de Revenderesses de tous Grains en
la Halle de ladite Ville, du nombre des douze anciennes
Places, & du Procès-Verbal de Louis Sergent, dudit jour,
contenant l'installation de ladite Gener à ladite Place. Copie
d'Arrest de notredite Cour du dix-sept Juillet audit an,
rendu entre les Marchands & Mesureurs de Grains de cette
Ville : en la presence desdits Echevins : copie d'autre Arrest
de la Chambre des Vacations du vingtiéme Septembre 1670.
rendu sur la Requête d'aucuns desdits Marchands de menus
Grains, par lequel il leur auroit été permis d'ouvrir leurs Boutiques pour vendre & debiter leurs Grains & Avoines. Sentence renduë audit Bailliage de Rouen le sept dudit mois
de Juin mil six cens quatre-vingt, portant que les Parties
procéderoient en exécution de ladite Sentence du dix-sept
Juillet mil six cens soixante-dix-sept, & Arrest de notredite Cour confirmatif d'icelle, & feroient venir incessamment
leurs Témoins, liste desdits Témoins fournis par le Substitut de notre Procureur Général audit Bailliage, Exploit du
huit dudit mois d'assignation donné ausdits Témoins, Requête dudit Substitut, & diligences desdits Chandeliers à comparoir devant Maitre Jacques Baron, Lieutenant Particulier audit Siege pour être ouïs : Enquête faite en conséquence,
par ledit Baron, à Maitre Louïs Toustain, Conseillier audit Bailliage le huitiéme jour de Juin mil six cens quatre-
vingt. Exploit du quinzieme dudit mois, d'interjetion d'a-
pel par les Enquêteurs de ladite Sentence, du dix-sept Juillet mil six cens soixante-dix-sept, en ce qu'il auroit été ordonné

donné que l'information feroit faite par le Lieutenant Général audit Bailliage, & le Confeillier-Commiffaire. Arreft de
notredite Cour, des vingt-cinq du même mois de Juin & dernier Aouft enfuivant, par le premier defquels auroit été
ordonné que fans préjudice dudit Apel & du droit des Parties, ledit Arreft du vingt-neuf Janvier précédent, feroit
exécuté, fauf aufdits Enquêteurs à faire inftruire fur ledit
Apel telles perfonnes qu'ils aviferoient bien être ; & par
l'autre rendu en conféquence de la Requête baillée par lefdits Enquêteurs, le vingt-deux dudit mois de Juin, fur laquelle Mandement leur avoit été accordé le vingt-fix dudit
mois, en vertu duquel ils avoient fait apeller ledit Baron,
Lieutenant Particulier pour lui & les autres Juges dudit Bailliage, auroit été ordonné que les Parties en viendroient, &
cependant permis aufdits Chandeliers de faire délibérer leur
information, ladite Sentence dont eft apel du feize Janvier
mil fix cens quatre-vingt-un, par laquelle auroit été dit que
la preuve entreprife à faire par lefdits Chandeliers étoit bien
& duëment faite, & à ce moyen iceux maintenus à vendre
& diftribuer en détail toutes fortes de menus Grains, parce qu'ils auront des mefures étallonnées, autres que celles
pour la vente & diftribution des Avoines, pour faire
la vente & diftribution defdits menus Grains pour la
commodité publique, aux dépens à eux ajugez fur lefdits
Marchands de menus Grains, tant de cette inftance, que
ceux réfervez en diffinitive par ladite Sentence du dix-fept
Juillet mil fix cens foixante - dix - fept. Exploit d'interjetion
d'Apel de ladite Sentence par lefdits Marchands de menus
Grains, ftipulez par Nicolas Gueroult du dix Février enfuivant. Autres Exploits des treize & vingt-cinq dudit mois,
contenant les déclarations d'aucuns defdits Marchands de
Grains, qu'ils ne donnoient ajonction audit Apel. Lettres d'Anticipation obtenuës par lefdits Chandeliers, le douze dudit mois de Février, & Exploit dudit jour de fignification faite d'icelles aufdits Marchands de menus Grains,
avec Affignation en notre Cour. L'Inventaire de clofion

V

des Parties. Requête d'Intervention desdits Echevins de cette Ville , du vingt-quatre Avril ensuivant , ordonnée être montrée à Parties & signifiée ledit jour , Ecrit desdits Echevins , contenans leurs moyens d'intervention , signifié le vingt-neuf Janvier mil six cens quatre-vingt-deux. Ecrit de Griefs desdits Marchands de menus Grains , signifié le vingt-huit dudit mois , Autre Ecrit de Réponse desdits Chandeliers , signifié le huit Juin audit an mil six cens quatre-vingt-deux , Requête d'emploi desdits Marchands de menus Grains , du dix Juillet ensuivant , ordonnée être montrée à Parties & signifiée ledit jour : Réponse desdits Chandeliers à icelle , signifiée le vingt-neuf dudit mois , Autre Requête baillée par lesdits Echevins , le premier Décembre audit an mil six cens quatre-vingt-deux , signifiée ledit jour , Requête presentée à notre Cour par les Marchands de menus Grains le vingt-deux dudit mois , pour faire recevoir au Procès un Arrest de notre Cour , du quatorze Février mil six cens trente & un , rendu entre lesdits Chandeliers & les Merciers-Grossiers de cette Ville , avec un pouvoir donné par lesdits Marchands de Grains à Jacques Delamettairie & Thomas le Roux deux d'iceux, le onzieme Janvier mil six cens soixante-dix-sept , pour poursuivre contre lesdits Chandeliers le Procès dont est question , ordonner être montré à Parties & signifié ledit jour avec lesdites Piéces induittes en icelle , & tout ce que les Parties ont mis par devers notre Cour ; Conclusions de notre Procureur Général : & oüi le Raport du sieur de Ferrar , Conseiller - Commissaire : NOTRE COUR , sans avoir égard à la Requête desdits Marchands de menus Grains , à mis & met l'apellation au néant : ordonné que ce dont est apel sortira son effet , a condamné lesdits Marchands de menus Grains en douze livres d'amende envers Nous , parce que lesdits Chandeliers ne pourront avoir chez eux que deux mines de chacune espéce de menus Grains ; à eux enjoint de garder & observer les Réglemens de la Police ; deffenses à eux faites d'y contrevenenir à peine de cent-cinquante livres d'amende ; a condamné lefdits Marchands de menus Grains aux dépens de la Caufe principale , ceux de la Caufe d'apel compenfez , payeront en outre lefdits Marchands de menus Grains le Raport & couft du prefent Arreft : SI donnons en Mandement au premier des Huiffiers de notre Cour de Parlement , ou autre notre Huiffier ou Sergent fur ce requis , le prefent Arreft mettre à dûe & entiére exécution felon fa teneur , de ce faire te donnons pouvoir , mandons à nos Officiers & Sujets , à toi en ce faifant obéir. Donné à Rouen en la Cour de Parlement , le vingt quatre Novembre , l'An de Grace mil fix cens quatre-vingt-trois , & de Notre Régne le quarante & un. Par la Cour , *Signé* , Collationné & *Scellé*.

SENTENCE
RENDUE AU SIEGE
DE LA POLICE
DU BAILLIAGE
DE ROUEN,

QUI maintient les Marchands Chandeliers dans la Revente du Vinaigre.

Du neuf Mars 1701.

L'AN de Grace mil sept cens un, le Mercredy neuviéme jour de Mars de matin, en la Chambre du Conseil du Bailliage de Rouen : devant Nous Pierre le Pesant, Chevalier Seigneur de Boisguilbert & de Pinterville, Conseiller du Roy, Lieutenant Général Civil & de Police audit Bailliage, Ville & Vicomté, & Président audit Siége Présidial dudit lieu : Entre les Maitres & Gardes année presente du Métier de Vinaigrier-Moutardier & Limonadier en cette Ville de Rouen : ayant pris le fait & cause de Pierre Deffosse, & Guillaume Mutel, Maitres particuliers dudit Métier, sur les saisies & Aprochemens par eux requis, le premier

par

par ledit Geffoffe , par Exploit de Dornay , Huiffier au
Châtelet de Paris , du dix-huitiéme Septembre dernier : fur
une Fille trouvée proche la Maifon du nommé Flamen ,
Maitre Chandelier , & laquelle Fille auroit déclaré qu'il y
avoit une chopine de Vinaigre dans deux chopines ou Bouteilles de Verre qu'elle tenoit , & qu'elle auroit achetée par
fix fols dudit le Flamen , ainfi par lui reconnu à l'inftant ,
auquel par ledit Exploit auroit été donné Affignation par-
devant Nous , pour voir juger la confifcation dudit Vinaigre faifi & cacheté , avec intérèts & dépens ; & le deuxième
defdits Aprochemens auroit été requis par ledit Mutel , par
le miniftere dudit Dornay Huiffier , ledit jour fuivant. Autre Fille trouvée fortir de la Boutique de Jean Lamy Maitre
Chandelier de deux autres Bouteilles , dans lefquelles il y
avoit encore du Vinaigre , & laquelle Fille auroit dit fe
nommer Françoife Robart , & avoir acheté ledit Vinaigre
au nombre de deux Demions de la Femme dudit Lamy :
par un fol & trois fols , ainfi reconnu par ladite Femme Lamy , lefdites Bouteilles faifies & cachetées même du cachet
dudit Lami : Affignation lui auroit été pareillement faite
par ledit Exploit , à comparoir devant Nous aux fins fuldites ,
lefdits Gardes Demandeurs aux fins defdits Exploits , d'une
part : lefdits Geffoffe , Mutel & autres Maitres particuliers
dudit Métier de Vinaigrier , ayant fait juger par Sentence
de nous renduë , qu'ils demeureroient dans les qualitez dudit Procès fans agravation de frais , & Demandeurs en outre ce pour être rembourfez fur le corps de leurdit Métier ,
pour raifon defdits Aprochemens & autres par eux requis ,
d'autre part , lefdits le Flamen & Lamy fur ce Deffendeurs
& pourfuivis d'une autre part : en la prefence des Maitres
& Gardes dudit Metier de Chandelier , donnant adjonction
aux Aprochez encore d'autre part. Vû par Nous l'Ordonnance renduë entre lefdites Parties , le quatre Novembre
dernier : par laquelle ils font apointez à écrire & produire ;
& celle renduë le dix-huit Décembre dernier , par laquelle
il leur eft enjoint de mettre leurs Piéces vers Juftice , à quoi

X

auroit été satisfait ; favoir , par lefdits Gardes Vinaigriers
de leurs Statuts & Réglemens nouveaux , arrêtez le 26 Octobre 1694. de Nous reçûs pour un an ; le cinq Novembre
audit an , accordez par Lettres Patentes du mois d'Aouft
1695. regiftrées en la Cour le deux Décembre audit an &
en ce Siége le neuf defdits mois & an. Arreft de la Cour
du douze Janvier 1607. rendu entre les Vinaigriers , Chandeliers , Tonneliers & autres : par lequel lefdites Parties
font renvoyées au Roi fur leurs conteftations , en opofition
à l'établiffement de la Jurande defdits Vinaigriers. Copie de
Sentence renduë en ce Siége le quatorze Juin 1613. par
laquelle les Chandeliers y dénommez pour la contravention
par eux faite , d'avoir acheté du Vinaigre pour revendre en
détail , font condamnez en trente fols d'amende & aux dépens & deffenfes. Copie d'Arreft de la Cour du 24 Janvier 1614.
rendu fur l'apel de ladite Sentence : par lequel l'apellation
& ce dont font mifes au néant , & deffenfes font faites aux
Maitres Chandeliers de faire aucuns Vinaigres ; & permis
à eux d'en acheter pour revendre des Forains ou des Maitres
Vinaigriers : à la charge de la vifite defdits Vinaigriers ;
Autre Sentence renduë en ce Siége , le neuf May mil fix
cens trente-un , par laquelle il eft dit à bonne caufe l'Aprochement fait par les Gardes Vinaigriers , fur Abraham Guiffard Maitre Chandelier , pour avoir expofé du Vinaigre en
vente par les ruës fur une Broüete , avec trente fols d'A-
mende & les dépens : un Livre Rouge contenant les premiers
Statuts defdits Vinaigriers , du fix Novembre mil fix cens
fix , & plufieurs Arrêts de vérification & autres contenus
audit Livre Manufcrit : Sentence renduë en ce Siége l'onze
Décembre mil fix cens quatre-vingt-dix-neuf, au profit defdits Vinaigriers , contre Duchemin Chandelier , pour vente
de Vinaigre au-deffus d'une chopine avec dépens. Copie defdits Procès verbaux d'aprochemens : Ecrit fourni par lefdits
Gardes , le vingt-fix Novembre dernier : Copie de Sentence
renduë au Bailliage de Caudebec , le trois Janvier mil fix
cens quatre-vingt-dix-huit ; Entre lefdits Maitres Vinaigriers

& Chandeliers dudit lieu , par laquelle défenses sont faites auſdits Chandeliers de faire aucuns Vinaigres , & permis néanmoins d'en vendre juſqu'à une chopine : Copie collationnée de Lettres d'apel de ladite Sentence obtenüe par Jacob Parmicet Vinaigrier audit lieu , & de tous autres Jugemens rendus depuis l'Enregiſtrement des Statuts deſdits Vinaigriers , ſignifiés aux Chandeliers de ladite Ville , le dix-neuf dudit mois , avec Aſſignation ſur ce en la Cour : enſuite dequoy eſt l'Exploit de ſignification deſdits Chandeliers de Caudebec auſdits Vinaigriers , du deux Octobre mil ſix cens quatre-vingt-dix-huit , par lequel ils renoncent à vendre aucun Vinaigre. Requête à Nous preſentée le dix ſept Decembre dernier , pour faire joindre leſdites Piéces au Procès , ainſi permis & ſignifié ledit jour, Acte exercé en l'Audience , le ſept Janvier dernier entre toutes leſdites Parties , par lequel il eſt dit , que les qualitez employées dans l'Acte d'apointé , ne leur pouront nuire ni préjudicier , ſignifié le vingt dudit mois : Autre Requête deſdits Gardes pour ſervir de conteſtation aux demandes contr'eux faites par leſdits Mutel , Geffoſſe , le Blanc & Joints , ſignifiée le ſept Fevrier dernier : Et de la part deſdits Mutel , Geffoſſe & autres , a été clos les Originaux deſdits Procès verbaux d'aprochemens : L'Exploit de ſignification d'iceux par le Roux Sergent auſdits Gardes Vinaigriers , du vingt-trois Septembre dernier , avec aſſignation pour être oüis en l'état deſdites Cauſes : Acte de ſignification du dix-neuf Octobre dernier. Ecrit par eux fourni le dix-ſept Décembre dernier. Acte de Délibération ſignée de pluſieurs Maitres particuliers dudit Métier , du dix huit Mars mil ſix cens quatre-vingt-dix-neuf : Donnons pouvoir de requerir les Aprochemens qui ſeront néceſſaires pour le refus des Gardes. Requête à Nous preſentée par Pierre le Blanc , Maitre particulier dudit Métier de Vinaigrier ; à ce que s'il n'étoit accordé aucuns dépens auſdits Maitres particuliers ayant aproché leſdits Lamy , le Flament & autres ; le Supliant ayant fait toutes les avances , fut rembourſé ſur le Métier entier ; ordonné ſur ce d'être ſignifiée & joint du

premier Février dernier , ainſi fait ledit jòur : Autre Requête
dudit le Blanc , du dix dudit mois , ſignifiée ledit jour ; &
de la part deſdits Maitres & Gardes Chandeliers a été clos.
Ledit Arreſt de la Cour rendu à leur profit contre leſdits Vinaigriers , le vingt-quatre Janvier mil ſix cens quatorze deſſus énoncé. Copie colltionnée d'autre Arreſt du quinze Mars
mil ſix cens cinquante-ſix , rendu entre les Gardes deſdits deux
Métiers : par lequel la Permiſſion accordée auſdits Chandeliers , de revendre du Vinaigre , eſt limitée à petite meſure d'une chopine au plus. Autre Copie collationnée d'Arreſt
du quinze Aouſt 1655. rendu par expédien entre les Maitres & Gardes Vinaigriers , & Nicolas Simon , & Pierre
Godefroy Chandeliers , à l'adjonction de leurs Gardes : par
lequel main-levée leur eſt accordée des Vinaigres ſur eux
ſaiſis par proviſion , & les Parties apointées au Conſeil.
Copie collationnée d'Extrait d'Arreſt du Conſeil : par lequel
les Maitres & Gardes Chandeliers , Vinaigriers & autres ,
ſont renvoyez en ce Siége & par apel en la Cour ſur tous
leurs differens , à l'occaſion de l'Enregiſtrement des Statuts
deſdits Vinaigriers. Extrait d'autre Arreſt du Conſeil , du
vingt & un Octobre 1620. qui renvoye les mêmes Parties
procéder en ladite Cour ſur leurſdites conteſtations. Copie
collationnée d'Arreſt de ladite Cour , rendu en conſéquence le dix-huit May 1621. qui ordonne entr'autres , que
l'Arreſt ſuſdit du vingt-quatre Janvier 1614. ſera exécuté.
L'Ecrit deſdits Gardes Chandeliers , du onze Décembre dernier : autre du trente dudit mois , & tout ce que
leſdites Parties ont clos & mis vers Juſtice , dont du tout
lecture faite : enſemble les Concluſions du Procureur du
Roi de ce Siége de ce jour , & ouï le Raport du Conſeiller-Commiſſaire à ce député. IL EST DIT , que vû les Arreſts des années 1614 , 1621 & 1656. leſdits Lamy & le
Flamen ſont déchargez des aprochemens ſur eux faits avec
dépens à eux accordez , & aux Maitres & Gardes Chandeliers contre la Communauté des Vinaigriers : permis auſdits
Gardes Vinaigriers d'employer le montant deſdits dépens
contr'eux

contr'eux jugez enfemble : ceux par eux faits dans leurs
Comptes , & feront les dépens faits par lefdits Mutel ,
Geffofle & le Blanc , tant en la fuite de la préfente Inftance , qu'autres reftituez à eux ou l'un d'eux , à proportion
de leurs avances , par portions égales par chacun des Maitres particuliers qui leur ont donné le pouvoir , du dix huitiéme jour de Mars 1699. Les parts & contributions defdits
pourfuivans préalablement confondûs en leurs perfonnes ; &
taxé au Confeiller-Commiffaire pour fon Salaire d'avoir reçû
lefdites Piéces , & d'icelles fait fon raport la fomme de dix
écus à prendre fur lefdites Parties ; fauf le recours en cas
d'avance par lefdits Maitres Chandeliers , à eux ou l'un d'eux ,
dés-à-préfent ajugé contre lefdits Gardes Vinaigriers , & à
eux , contre leurdite Communauté : lefdits dépens réfervez à
taxer : & mandé au premier Huiffier ou Sergent Royal fur ce requis , ces Préfentes exécuter , prononcé à Maitres Antoine
Baudouin , François Perchel & Pierre le Bourg , Procureurs
defdites Parties. Donné comme deffus.

Signé , LE PEZANT & DEDUN.

Y

ARREST

DE LA COUR DE PARLEMENT

DE ROUEN,

QUI fixe le nombre des Revendeurs & Revenderesses de la Ville, Fauxbourgs & Banlieuë de Rouen à deux Cens, leur fait Défenses de vendre aucuns Beures, ni Avoine, ni en gros, ni en détail ; & qu'ils seront reçus en la presence des Gardes Chandeliers, ou eux dùëment apellez.

Du vingt-six Avril 1701.

LOUIS, PAR LA GRACE DE DIEU, ROY DE FRANCE ET DE NAVARRE : A tous ceux qui ces presentes Lettres verront : SALUT. Sçavoir faisons, qu'en la Cause dévolute en notre Cour de Parlement : Entre les Maitres & Gardes du Métier de Chandelier-Echopier, & Revendeurs de Denrées en cette Ville, Demandeurs en exécution de l'Arrest de notredite Cour du dix Février 1670. en adjournement, en vertu du Mandement & Arrest d'icelle du sept Mars 1698. & Deffendeurs de Requête, d'une part ; Pierre Roussel & Marie Guedo sa Femme, Jean Dumesnil & Marie Duchef

ſa Femme , Jean Jean & Marthe Dutheil ſa Femme , André Romain & Marguerite Barbez ſa Femme , Pierre le
Normant & Genevieve le Maſſon ſa Femme , Jacques
Vaſtel & Françoiſe Morin ſa Femme , ayant Arts & Métiers , & Revendeurs de menuës Denrées en cette Ville ,
Deffendeurs de l'exécution dudit Arreſt , & adjournez en
vertu dudit Mandement , d'autre ; Maitre Pierre le Peſant ,
Chevalier Sieur de Boiſguilbert & de Pinterville nôtre Conſeiller , Lieutenant Général au Bailliage & Siége Préſidial
de Rouen , & M. Jacques Brunel , Subſiſtut de notre Procureur Général audit Bailliage , Demandeurs en Requête du
ſeiziéme jour d'Avril 1698. aux fins d'être reçûs Parties intervenantes en Requête , & qu'Acte leur ſoit accordé de ce
qu'ils ſe chargent du fait deſdits Revendeurs , encore d'autre
part. V U par notre Cour l'Arreſt d'icelle , rendu entre les
Parties le cinq Aouſt 1698. par lequel il a été ordonné qu'elles écriroient & produiroient dans huitaine ce que bon leur
ſembleroit pour le Procès communiqué à notre Procureur
Général , être jugé en la Grand'Chambre , ſignifié le vingt-
trois Novembre enſuivant. Autre Arreſt de notre Cour
du dix Février 1670 , rendu entre Abraham Taillefeſſe ,
demeurant à Dernétal , Apellant de Sentence renduë par le
Bailly de Rouen , ou ſon Lieutenant , le huit Octobre 1666.
& anticipez d'une part , & Jean le Maitre , Maitre Chandelier audit Dernétal , Intimé & Anticipant , d'autre ; en la
preſence des Maitres & Gardes du Métier d'Echopier de la
Ville de Rouen , donnant adjonction audit le Maitre , d'une
autre part , & encore entre Louïs Mauduit , ayant épouſé
Marie Buſquet , Apellant de Sentence renduë par le Bailly
de Rouen , ou ſon Lieutenant le dixiéme jour de Février
1665. d'une part ; Claude Quimbel , Guillaume Breſellon ,
Jacques Fortin & Pierre Gondez , Maitres & Gardes en ladite année , dudit Métier de Chandelier-Echopier en ladite
Ville de Rouen , apellez , Anticipans , & de leur part Apellans de Sentence dudit Bailly ou ſon Lieutenant , des ſeize
Décembre 1665. & vingt-cinquiéme jour de Fevrier 1666.

d'autre ; Jean Haze Maitre Tapiſſier & ſa Femme , Apellans d'autre Sentence renduë par lui ou ſon Lieutenant ,
le vingt-trois Mars audit an 1665. d'autre ; Jacques Gravois Maitre Maſſon , & Marie Foucault ſa Femme , Michel
du Caz , Maitre Tapiſſier & Marie Dieſis , Maitreſſe Ru-
banniere , Catherine Nepveu, Femme de Maitre Jacques Marin , Marie Beaurepaire , Femme de Sebaſtien le Grand ,
Compagnon Menuiſier , Catherine le Cornu , Femme de
Georges le Fevre Maitre Carleur , adjournez en vertu du
Mandement de notre Cour, d'autre part : par lequel notre
Cour ſur l'apel deſdits Gardes Chandeliers des Sentences, des
douze Décembre 1665. & vingt-cinq Février 1666. a mis
l'apellation & ce dont eſt apele au néant , en réformant , a
condamné ladite Boucault , Femme dudit Gravois, a fermer
ſa Boutique , ainſi que ledit le Févre & Cornu ſa Femme;
& ſur les Mandemens deſdits Gardes Chandeliers & apellations des nommez Taillefeſſe , Haze & ſa Femme , Mauduit & Marie Briquet & Nepveu , a mis les apellations au
néant : ordonné que les Sentences , des vingt-cinq Février , vingt-trois Mars , dix-huit Avril 1665. douze Avril
& huit Octobre 1666. ſortiront leur effet , & faiſant droit
ſur les plus amples Concluſions de notre Procureur Général a fait deffenſes auſdits Revendeurs & Revendereſſes, de
faire aucune Revente , ni par eux ni par leurs Femmes ,
des choſes dépendantes du Métier de Chandelier , conformément à l'Arreſt de notre Cour du vingt-quatre Juillet mil
ſix cens vingt-ſix ; & en conſequence notre Cour a réglé le
nombre deſdits Revendeurs & Revendereſſes tenants Boutiques, & étant ouvertes en cette Ville, à deux cens ; & en
ce faiſant , enjoint à ceux qui ont Art & Métier ſuffiſant &
capable de les nourir & entretenir , de s'y employer inceſ-
ſamment , & à cet effet ordonné qu'il ſeroit repreſenté par
leſdits Revendeurs & Revendereſſes dans le mois , devant
le Conſeiller-Commiſſaire , leurs Lettres en vertu deſquelles
ils font ladite revente , & dreſſé Procès verbal preſence des
Parties , ou eux düement apellées de celles qui ont un Métier

cier ou leurs Maris suffisant & capable pour leur subsistance, &
être pourvû de ceux qui seront admis audit nombre de deux
cens , a fait défenses au Lieutenant du Bailly de recevoir ci-
après aucuns Revendeurs ni Revenderesses au-delà du nombre
de deux cens portez par ledit Réglement ; enjoint au Substitut de notre Procureur Général d'y tenir la main , & ausdits Gardes Chandeliers de souffrir qu'il y soit contrevenu ,
à peine d'en répondre à leur propre & privé nom , & de
cent livres d'Amende , dont la moitié vertira au Dénonciateur ; & au surplus sera ledit Arrest du vingt-quatre Juillet
mil six cens vingt-six réamment & de fait exécuté , surséoira
néanmoins l'exécution du present Arrest pour trois mois ,
pendant lequel tems lesdits Revendeurs & Revenderesses qui
seront exclus , pouront faire la revente des Marchandises
dont ils sont saisis , sans qu'ils en puissent acheter , dépens
compensez , signifié les deux & dixiéme Avril ensuivant :
Ledit Mandement de notre Cour ci-devant datté , rendu sur
la Requête desdits Maitres & Gardes du Métier de Chandelier , Revendeurs de Denrées , pour faire assigner à bref
jour , & icelle les prétendus Revendeurs pourvûs de Lettres , ayant Arts , Métiers ou Vacations , pour leur faire
défenses aux termes des Arrêts & Réglements de notre Cour,
de faire aucunes reventes de Denrées ; Lettres de Maitrise
obtenuës du Sieur Lieutenant Général de Roüen , par Simon
Mabire & Marie Sénégal sa femme , le vingt-deux Juin mil
six cens cinquante , par laquelle ils sont permis vendre les
Denrées y mentionnées. Deux autres pareilles Letttres de
Maitrises obtenuës dudit Sieur Lieutenant Général par Catherine le Cornu , femme de Georges le Févre , Michel le
Tailleur & Marguerite le Hucher sa femme , les quatre Juin
mil six cens soixante & treize , Février mil six cens soixante
& quatre , par lesquelles ils ont été permis de faire revente
des Denrées aussi y mentionnées , Sentence renduë en Bailliage à Roüen , le neuf Juillet mil six cens soixante & trois ,
sur l'aprochement fait faire par Vincent Goubert , Maitre
particulier du Métier de Chandelier à l'adjonction des Gar-

Z

des , à Anne Sermantot , Veuve de Claude le Maitre , Epiciere en cette Ville de Roüen , à laquelle les Gardes Epiciers donnerent adjonction pour avoir trouvé en sa Boutique quelques Chandelles , Fagots , Bourées , Pots , Beures & autres Denrées concernans ledit Métier de Chandelier , par laquelle entr'autres choses il a été dit à bonne cause l'aprochement , l'aprochée condamnée à trente sols d'Amende ; défenses à elle & à tous autres Epiciers de la Ville & Banlieuë de faire aucune Revente de Chandelle ni Beure autrement qu'en pot & non en détail , avec dépens. Arrest de notre Cour , rendu entre les Maitres & Gardes Apoticaires de cette Ville de Rouen , le dix-neuf Aoust mil six cens soixante & quatre , & les Maitres & Gardes Chandeliers sur l'apel desdits Apoticaires , par lequel les Parties ont été renvoyées hors de Cour & de Procès sans dépens. Sentence renduë en Bailliage de Rouen , le dix-neuf Février mil six cens soixante & cinq , sur l'ajournement fait faire par les Maitres & Gardes Chandeliers , à Loüis Mauduit Tonnelier & sa femme , par laquelle sans avoir égard à l'exception dudit Mauduit , & vû qu'il étoit pourvû dudit Métier de Tonnelier , deffenses lui ont été faites & à sadite femme de faire aucune revente de denrées concernantes ledit Métier de Chandelier , à lui enjoint de travailler de son métier de Tonnelier , sur les peines au cas apartenant. Autre Sentence renduë audit Siége , le six Mars ensuivant sur pareil aprochement , fait par lesdits Gardes Chandeliers sur Jean Lambert Tisserant & sa femme , Jacques Gravois Maitre Masson & sa femme , Pierre Lasson & sa femme , pour les avoir trouvez revendans toutes sortes de denrées dépendantes dudit Métier de Chandelier , par laquelle il a été dit entre autres choses , que lesdits Lamboze , Casson mariez fermeroient leur Boutique dans le jour ; & défenses à eux faites de faire aucune revente de Denrées dépendantes dudit Métier ; & au regard desdits Gravois mariez , tems de trois mois à eux donné , de vendre les Denrées dont ils étoient saisis : aprés lequel tems passé , défenses à eux faites d'en faire aucune revente avec dépens. Autre Sentence rendûë audit Siége le huit Octobre mil six cens foixante & fix : Sur l'Aprochement fait à Abraham Taillefeffe & fa femme, Maitre Drapier à Dernetal, pour avoir trouvé chez eux en Seulle & Magafin, quantité de Denrées & Marchandifes concernans ledit Métier de Chandelier, par laquelle il leur fut fait défenfes de faire à l'avenir aucunes reventes defdites Denrées avec dépens, ledit Arreft „ dix Février mil six cens foixante & dix ci-devant énoncé ; Cahier de Copies collationnées, contenant l'Extrait Mortuaire de Marguerite Lallemand du treize Juillet mil six cens foixante & quinze, & l'Acte de réception de Charlotte Alfelin à fon lieu & place des deux cens Revendeufes, des quinze & feize May mil six cens foixante & feize ; Autre Cahier de Copie de l'Extrait Mortuaire d'Alifon Perlon, & la réception à fon lieu & place de François Tiercelin & fa femme, du confentement des Gardes Chandeliers, des douze Septembre mil six cens foixante & feize, Janvier mil six cens foixante & dix fept ; Autre Cahier de Copie aprouvée de Requête prefentée à Notre Cour par Marthe Goupil, femme de Michel Creftel : Compagnon Platrier, le treize Février mil six cens foixante & dix-fept, & de fon Acte de réception du dix-huit May enfuivant ; Autres Copies aprouvées de Requête & Acte de réception de Jean Allais, au lieu & place de François le Sueur, des fix & vingtiéme jour de Juin mil six cens foixante & dix-huit ; Autre Cahier de Copies aprouvées de Requête & Acte de réception de Marie Pouchin, au lieu & place de Louife de Lefclufe, du confentement defdits Gardes Chandeliers, du vingt Décembre audit an : Sentence rendûë en Bailliage à Roüen, le feize Janvier mil six cens quatre-vingt-un ; Entre les Maitres & Gardes Chandeliers & les Marchands de menus grains de cette Ville, par laquelle en conféquence d'autre Sentence dudit Siége, du dix-fept Juillet mil six cens foixante & dix-fept, qui avoit maintenu lefdits Chandeliers à vendre & diftribuer de l'Avoine à petite Mefure, aux termes des anciens Réglements, & à l'égard des autres menus grains avoit ordonné qu'il en feroit informé , tant de leur poffeffion que de l'ufage , commodité ou incommodité publique , pour ce fait & raporté être donné tel Réglement qu'il apartiendroit : La preuve defdits Chandeliers a été déclarée bien & dûëment faite , iceux maintenus à vendre & diftribuer en détail toutes fortes de menus Grains pour la commodité publique avec dépens ; Arreft de notre Cour rendu entre lefdits Marchands de menus grains , Apelans de ladite Sentence , & les Maitres & Gardes Chandeliers Intimés , le vingt-quatre Novembre mil fix cens quatre-vingt trois , par lequel fans avoir égard à la Requête defdits Marchands de grains , l'apellation a été mife au néant avec dépens de la Caufe principale , ceux de la Caufe d'apel compenfez : Autre Arreft de notre Cour rendu fur la Requête des Maitres & Gardes Chandeliers-Echopiers de la Ville & Banlieuë de Roüen , le vingt-cinq Juin mil fix cens quatre-vingt-cinq , par lequel défenfes ont été faites aux Revendeurs & Revendereffes de vendre du Foin , de l'Avoine, & autres grains , à la réferve des Poix & Féves pour l'ufage des hommes pendant le Carême , & autres Denrées dont ils font en poffeffion : Acte exercé devant le Sieur Brice Confeiller en notre Cour , & Commiffaire député , le vingt-fept Novembre mil fix cens quatre-vingt cinq ; par lequel du confentement des Gardes Chandeliers , Catherine le Duc a été reçûe au nombre des deux cens Revendereffes , au lieu & place de feuë Marie Glaffelier. Cahier de Copies aprouvées de Requête prefentée à notre Cour par Marie le Févre , Veuve de Robert Suflamare , & de fon Acte de réception , au lieu & place de Marie Pirou , des neuf & quatorze Décembre mil fix cens quatre-vingt-fix. Autre Cahier de Copies aprouvées contenant une Requête prefentée en notre Cour par Marguerite Cofnard , femme de Jean Richer , le douze Mars mil fix cens quatre-vingt-fept , & fon Acte de réception du confentement des Gardes Chandeliers du dix-huitieme jour enfuivant ; Autres pareilles Copies aprouvées de Requête prefentée à notre Cour par Pierre Vallon , le vingt enfuivant , &

fon

ſon Acte de réception du même jour, au lieu & place de François Foucquet ; Autre Cahier de Copies aprouvées d'Extrait Mortuaire de Marthe David, femme de Pierre Duboc, du douze Avril audit an, de la Requête de Marthe Dumont, fille de défunt Nicolas Dumont Chandelier, du ſeize enſuivant, & de ſon Acte de réception du vingt-un deſdits mois & an. Autre Cahier contenant l'Extrait Mortuaire de Nicolas Quevilly, la Requête de Marie Trugard, fille de Romain Trugard, Maitre Chandelier, & ſon Acte de réception en la place dudit Quevilly, des vingt & un Aouſt, neuf & onze Septembre audit an mil ſix cens quatre-vingt-ſept. Acte exercé devant le Sieur Brice Conſeiller - Commiſſaire en notre Cour, le vingt-cinq Juin mil ſix cens quatre-vingt-neuf, par lequel ſur la remontrance faite par les Gardes Chandeliers, que Marie Gueldo, femme de Pierre Rouſſel, eſt groſſe Marchande de Poiſſon, & ſon Mari Marchand de Chevaux : que cependant elle avoit été admiſe au nombre des deux cens Revendeurs, ſous prétexte d'être pauvre, il auroit été ordonné qu'elle ſeroit avertie de raporter au Greffe de la Commiſſion dans trois jours l'Acte à elle délivré, portant permiſſion de faire leſdites menuës reventes, autrement & le tems paſſé, ladite Ordonnance lui ſeroit ſignifiée ; & cependant défenſes à elle faites de s'immiſſer à faire leſdites menuës Denrées, & de ſe ſervir deſdites Lettres, ledit Acte ſignifié le trente enſuivant : Cahier de Copie aprouvée de Requête preſentée à nôtre Cour, par Marie Trugard, Veuve de Thomas Viger, & ſon Acte de réception au lieu & place de Marguerite Bellet, des trente Juin & deuxiéme jour de Juillet audit an mil ſix cens quatre-vingt-neuf : Acte exercé devant ledit Sieur Conſeiller & Commiſſaire en notre Cour, ſur la remontrance des pauvres Maitres particuliers Chandeliers, qu'il y avoit un grand nombre de Revendeurs, & notamment trois nommés audit Acte ; leſquels, quoiqu'ils ne fuſſent pas du nombre de deux cens réſervez par notre Cour, ne laiſſoient pas de leur faire un tort conſidérable, par la revente de toutes ſortes de Denrées, par lequel il leur

a été fait défenfe de faire aucune revente des Denrées concernantes ledit Métier de Chandelier , à peine de confifcation
& de l'amende au cas apartenant ; & cependant permis à eux
de vendre des fruits & légumes : Ledit Acte du dix-fept Juin
mil fix cens quatre-vingt-dix : Deux Copies d'Actes de réception de Jean-Jean & fa femme, Pierre Rouffel & fa femme , par le fieur Lieutenant Général de Rouen , des vingt-
fix Mars mil fix cens quatre-vingt douze , & dix Décembre
mil fix cens quatre-vingt-treize , pour faire la fonction de
Revendeurs : Lettre accordée par ledit Sieur Lieutenant Général , le feiziéme jour de Février mil fix cens quatre-vingt-
quatorze , à Guillaume Dumouchel , portant permiffion de
vendre toutes fortes de Denrées : Trois Copies d'Actes de
réception de Marguerite Barbé, femme d'André Romain ,
Marguerite Ducet , femme de Jean Dumefnil, Jacques Vaftel
compagnon Toillier , & François Morin fa femme , par ledit Sieur Lieutenant Général , les vingt-huitiéme jour d'Avril
audit an mil fix cens quatre-vingt-quatorze , vingt May mil
fix cens quatre-vingt-quinze , & treize Mars mil fix cens
quatre-vingt-feize : Trois autres pareilles Copies d'Actes de
réception de Geneviéve le Maffon , femme de Pierre le
Normand , Pierre Breard compagnon cuifinier , & Marie
Gaillardon fa femme , des vingt-fix de Mars & dix-huit Septembre mil fix cens quatre-vingt-dix-fept , & premier Février
mil fix cens quatre-vingt-dix-huit , pour faire ladite fonction
de Revendeurs ; Exploit de Signification faite par Renault
Huiffier en notre Cour , le dix Mars mil fix cens quatre-
vingt-dix-huit , dudit Arreft & Mandement ci - devant datté ,
& énocé à la Requête des Maitres & Gardes du Métier de
Chandelier-Revendeur de Denrées à Roüen , à Jean Dumefnil porteur de bleds & de farine , aux Moulins de la Ville , & Marie Duchef fa femme, à Pierre Rouffel cordonnier,
& Marie Guefdo fa femme , à Jean-Jean charpentier & porteur de bleds , & Marie Dutheil fa femme , à André Romain Tailleur d'habits , à Pierre le Normand drapier , à
Jacques Vaftel Toillier , & à fa femme ; avec affignation à

comparoir à la huitaine en notre Cour, dûëment contrôlé à Roüen le lendemain : Deux atteftations , l'une du Sieur Défontaines Docteur en Médecine , du quinze enfuivant , & l'autre des Sindics de la Communauté des Porteurs de Grains de cette Ville du même jour , portant que Jean Dumelnil porteur de Bleds eft travaillé de la Goute & de Paralifie , & par confequent hors d'état de pouvoir faire fon Métier ; Autre atteftation du Sieur de Houppeville auffi Docteur en Médecine du Collége de Rouen , du dix-fept defdits mois & an , par laquelle il attefte avoir traité André Romain tailleur d'habits , d'une douleur d'Eftomach , Paralitique du bras droit, & d'une defcente de boyau du côté gauche : ce qui le met dans l'impuiffance de gagner fa vie, ainfi que fa femme qui eft Afmatique , au bas duquel eft une pareille atteftation du Sieur Nollent Chirurgien ; Certificat du même jour , par lequel le Sieur le Chartier , Curé de Sainte Croix Saint Oüen , attefte que Jacques Vaftel eft chargé de quatre enfans pauvres , & que fa femme eft infirme : Deux autres Certificats du Sieur Seveftre Curé de Saint Vivien , du dix-huit defdits mois & an , par lefquels je certifie qu'André Romain eft malade ainfi que fa femme , & que Jean-Jean étant trés-pauvre : c'eft fa femme qui nourit fa famille de ce qu'elle peut gagner & revendre ; Acte de prefentation mife au Greffe civile de notre Cour , par le Procureur defdits Romain , Vaftel , Rouffel & conforts , le vingt enfuivant , Certificat du Sieur Bonnet Curé de Saint Paul , du fix Avril mil fix cens quatre-vingt-dix-huit , comme il n'a vû exercer aucun Métier à Pierre Rouffel de ladite Paroiffe ; Acte de prefentation , perquifition faite au Greffe de notre Cour , par lefdits Maitres & Gardes Chandeliers , le huit enfuivant : Copie de ladite Requête d'intervention ci-devant dattée & énoncée , fignifiée le dix-fept defdits mois & an ; Acte de production defdits Chandeliers , du douze May audit an mil fix cens quatre-vingt-dix-huit ; Sommation de rendre ladite production du vingt-fept enfuivant ; Procès verbal du dix Novembre audit an , de perquifition faite par Charles Langlois Sergent, à la

Requête defdits Maitres & Gardes Chandeliers, tant fur le Quay de cette Ville , qu'aux Maifons de Jacques Vaftel Toillier , & d'André Romain Tailleur d'habits , lefquels il auroit trouvez travaillant de leurs Métiers , dûément contrôlée ; Ecrit de Conclufions defdits Maitres & Gardes Chandeliers du quatorze enfuivant ; Certificat du Sieur Défontaines Docteur en Médecine du Collége de Roüen , du feize defdits mois & an , par lequel ils atteftent qu'André Romain eft travaillé d'une Paralifie imparfaite du bras droit, & d'une defcente de boyau des plus confidérables, qui le mettent hors d'état de travailler ; Autre Certificat du Sieur de Houpeville auffi Docteur en Médecine, en datte du même jour, portant que Jean Dumefnil eft malade , & ne peut travailler ; Autre atteftation des Treforiers & Habitans de la Paroiffe de Saint Paul du lendemain , par lequel ils atteftent que Pierre Rouffel eft âgé de foixante & tant d'années , pauvre , ne fachant aucun Métier ; Autre pareille atteftation du Sieur Lambert Chirurgien à Rouen , du dernier defdits mois & an , par lequel il attefte avoir vifité Jean Dumefnil , auquel il a remarqué au genouil une groffeur provenante d'une fluction gouteufe , & aux deux mains , fur les jointures des doigts plufieurs nœuds qui proviennent d'une humeur qui s'eft endurcie dans les Parties, qui l'empêchoit de pouvoir travailler ; Autre du Sieur Nollent aufi Chirugien à Rouen , du neuf Décembre audit an , lequel certifie avoir vifité Pierre le Normand , auquel il a remarqué une defcente complette fort confidérable , qui peut l'empêcher de gagner fa vie dans un exercice violent. Ecrit de conclufions defdits Rouffel , Dumefnil , Vaftel & le Normand , du neuf Janvier mil fix cens qtatre-vingt-dix-neuf ; Requête de conclufions defdits Sieurs Juges & Officiers de Rouen, du trois Avril enfuivant ; Deux Ecrits de conteftation du fept May audit an , aufdits Ecrit & Requête , fignifiez aufdits Maitres & Gardes Chandeliers, les neuf Janvier & trois Avril précédens ; Inventaire de clofion defdits Maitres & Gardes Chandeliers du même jour fept May audit an mil fix cens quatre-vingt-dix-neuf. Autre
Ecrit

Ecrit defdits Rouffel , Dumfenil & conforts , du vingt-trois enfuivant , leur Inventaire de clofion du même jour. Ecrit de réponfe defdits Maitres & Gardes Chandeliets du trois Juin audit an : Requête prefentée à notre Cour par lefdits Maitres & Gardes Chandeliers de Rouen , le dix-neuf Janvier mil fept cens ; aux fins entr'autres chofes de faire recevoir au jugement du Proces , les Piéces y attachées & énoncées ; enfemble lefdites Piéces ; Ecrit de réponfe en forme d'Acte defdites Marie Ducet , Guefdo & conforts , du vingt & un enfuivant. Requête prefentée à notre Cour par lefdits Maitres & Gardes Chandeliers , l'onze Février audit an , aux fins entr'autres chofes de faire recevoir au Jugement du Procés , les Piéces y attachées & énoncées ; enfemble lefdites Piéces , Ecrit de réponfe à ladite Requête en forme d'Acte defdites femme Rouffel & Guefdo , du dix-huit enfuivant , & généralement tout ce que lefdites Parties ons écrit & produit pardevers notre Cour : Conclufions de notre Procureur Général : & oüi le Raport du Sieur de Crôville , Confeiller-Commiffaire : Tout confidéré : NOSTRE DITE COUR , par fon Jugement & Arreft , fans s'arrêter à ladite Requête d'intervention du trois Avril mil fix cens quatre-ving-dix-neuf ; Faifant droit fur le Mandement , a ordonné que l'Arreft du dix Février mil fix cens foixante & dix fera exécuté felon fa forme & teneur ; ce faifant , a réglé le nombre defdits Revendeurs & Revendereffes tenant Boutique ouverte en cette Ville , à deux cens , dans lequel nombre ceux & celles qui ont Arts & Métiers fuffifans pour leur nourriture & entretien , ne feront admis à l'avenir ; à ce moyen lefdits Jean Dumefnil & Pierre le Normand & leurs femmes , condamnés de fermer leurs Boutiques de Revendeurs , défenfes à eux de faire revente à l'avenir d'aucunes Denrées , tems néanmoins de trois mois à eux accordé pour fe défaire de leurs Denrées , fans qu'ils en puiffent acheter d'autre , les autres Revendeurs ajournés , maintenus à la revente defdites Denrées , aux termes du prefent Arreft , permis au furplus aufdits Revendeurs & Revendereffes de vendre & debiter

B b

toutes fortes de menuës Denrées, à l'exception des Beures &
Avoines dont ils ne pouront faire aucune revente à l'avenir
ni en gros ni en détail, fous les peines au cas apartenant ;
ordonne en outre notre Cour, qu'aucunes Lettres de Revendeurs ou Revendereſſes ne feront expédiées à l'avenir,
fans y avoir apelé préalablement les Gardes dudit Métier de
Chandelier, pour y aporter telle conteſtation qu'ils aviſe-
feront bon être : le tout fans frais, leſquelles Lettres feront
enfuite expédiées s'il y échéoit par les Juges & Subſtitut de
notre Procureur Général gratuitement, & fans qu'ils puiſſent
prendre aucuns droits pour raifon d'icelles, à la réſerve de
trente fols que lefdits Revendeurs & Revendereſſes feront
tenus de payer pour tous droits au Greffe, pour la délivrance defdites Lettres, dépens compenfés entre les Parties.
SI DONNONS EN MANDEMENT : Au pre-
mier des Huiſſiers de nôtre Cour de Parlement, ou autre
notre Huiſſier ou Sergent fur ce requis, le prefent Arreſt
de la part defdits Maîtres & Gardes Chandeliers, mettre à
dûë & entiere exécution felon fa forme & teneur, de ce
faire te donnons pouvoir. DONNE' à Rouen en notredite
Cour de Parlement, le vingt-fixiéme jour d'Avril, l'An de
Grace mil fept cens un. Et de notre Régne le cinquante-
huitiéme : *Et plus bas* ; Par la Cour. *Signé*, LE ROY.

Collationné, *Signé*, LE REBOURS.

ARREST

DE LA COUR DE PARLEMENT

DE ROUEN,

QUI maintient les Marchands Chandeliers dans la Revente des Menus Grains.

Du dix Mars 1708.

LOUIS, PAR LA GRACE DE DIEU, ROY DE FRANCE ET DE NAVARRE : A tous ceux qui ces prefentes Lettres verront. SALUT ; Sçavoir faifons , qu'en la Caufe dévolute en notre Cour de Parlement , entre la Communauté des Marchands de Grains de la Ville de Rouen , Prefens par les Sieurs Godement , Langlois , Ferey & Flipel , Sindics de la Communauté , Apelans de Sentence renduë en Bailliage audit Rouen , le vingt & un de Juillet mil fept cens fix , d'une part ; & les Maitres & Gardes Chandeliers de la même Ville , Intimez d'autre part : Vû par notre Cour l'Arreft rendu en icelle , le treize May mil fept cens fept , par lequel les Parties auroient été apointées au Confeil , pour le Procès communiqué à notre Procureur Général , être jugé en la Grande Chambre , au bas eft la fignification qui en a été faite le feizéme dudit mois : vû aufli les productions des Parties faites en exécution du fufdit Arreft , compofées des Piéces fuivantes , qui font des Articles & Réglemens faits par le Bailly de Rouen , le vingt-huitiéme de Novembre mil cinq cens quatre-vingt - quinze , fur la remontrance du Subftitut de notre Procureur Général, pour obvier aux abus & malverfations qui fe commettoient par les Marchands de Grains. Arreft de notre Cour du feiziéme jour de Décembre audit an , qui ordonne l'exécution par provifion defdits Articles , jufqu'a-ce qu'autrement par elle en eut été ordonné ; Copie de deux Arrefts du Confeil étant enfuite l'une de l'autre , la premiere du mois de Septembre mil fix cens trois , & la feconde du mois de Mars mil fix cens vingt-deux , portant confirmation des Statuts des Maitres Chandeliers de la Ville de Rouen , avec commandement de les obferver inviolablement , & de les exécuter de point en point. Copie d'une Sentence rendue le onziéme jour d'Aouft mil fix cens vingt-huit en Bailliage à Rouen, par laquelle il eft dit ; à bonne caufe l'opofition des Maitres & Gardes Merciers-Groffiers , à ce moyen ordonner que la qualité d'Echopier demeurera diftraite des Lettres obtenuës par lefdits Maitres du métier de Chandelier , le fixiéme Mars mil fix cens vingt-deux, eux néanmoins maintenus à faire la vente & diftribution de toutes les Marchandifes & menuës denrées dont ils font en poffeffion par Sentences , Réglemens & Arrefts de notre Cour, lefdits Chandeliers condamnez aux dépens. Autre Copie d'un Arreft de notre Cour du quatorziéme de Février mil fix cens trente & un , qui infirme la fufdite Sentence au chef des dépens , & au furplus en ordonne l'exécution. Sentence rendue au Bailliage entre les Maitres & Gardes Chandeliers & les Marchands de menus Grains de cette Ville, le feiziéme de Janvier mil fix cens quatre-vingt-un , par laquelle il paroît entr'autres chofes que lefdits Chandeliers ont été maintenus au droit de vendre & diftribuer de l'avoine à petites mefures , & à l'égard de la revente des menus grains , ordonné qu'il feroit informé de la commodité ou incommodité publique. Arreft de notredite Cour du feiziéme de Novembre mil fix cens quatre-vingt-trois , par lequel la fufdite

Sentence

Sentence eſt confirmée , parce que leſdits Chandeliers ne
pouroient avoir chez eux que deux Mines de chaque eſpé-
ce de menus Grains , à eux enjoint de garder & obſerver
les Réglemens , à peine de cent-cinquante livres d'amende.
Copie Imprimée d'une Sentence renduë au Bailliage de
Rouen ſur l'aprochement fait par leſdits Chandeliers & deux
Marchands de Grains , qui avoient été trouvez vendant
chez eux & dans leur Boutique des menus Grains , par
laquelle après que la Communauté des Marchands de grains
a déclaré ne vouloir donner ajonction aux Marchands aprochez : il eſt dit à bonne cauſe l'aprochement , défenſes faites auſdits Marchands de vendre aucuns grains dans leurs
Maiſons , & iceux condamnez en chacun trente ſols d'amende. Copie Imprimée de notre Edit du mois de Décembre
mil ſix cens quatre-vingt-douze , portant création de pluſieurs Offices en la Ville de Rouen , entr'autres de cent Jurez Marchands de grains , avec la faculté de vendre à l'ex-
cluſion de tous autres. Copie d'autre Edit du mois de Juillet mil ſix cens quatre-vingt-douze , de onze autres Marchands de Grains Privilégiez héréditaires en la Ville de
Rouen , avec la faculté de vendre , tant dans la Ville &
Fauxbourgs que dans la Halle. Copie Imprimée d'Arreſt rendu
au Parlement de Paris le dix-ſeptiéme Aouſt mil ſix cens
quatre-vingt-quatorze , ſervant de Réglement pour la Communauté des Maitres & Maitreſſes Grainiers & Grainieres
de la Ville & Fauxbourgs de Paris , contre la Communauté des Maitres Chandeliers de la même Ville. Un Procès
verbal fait le ſeptiéme de Février mil ſept cens cinq , contenant l'aprochement fait , requête des Meſureurs de Grains
de Rouen , à Robert Petit Chandelier , pour avoir vendu une
Mine de petites Féves. Requête preſentée en Bailliage par
leſdits Marchands de Grains , le douziéme de Février audit an , aux fins d'être reçûs Parties intervenantes en l'inſtance d'entre le Petit & leſdits Meſureurs de Grains. Un
Procès verbal de Saiſie , faite le ſeiziéme dudit mois , de
deux Mines de Féves ſur le nommé Hebert Chandelier , avec

C c

Affignation ên Bailliage pour en voir ordonner la confifcation. Un Ecrit fignifié, requête defdits Marchands de
Grains le même jour, tendant à faire condamner ledit
Petit en l'amende & en leurs intérefts, pour avoir vendu
en gros de petites Féves, & que deffenfes lui feroient faites & aux autres Chandeliers d'en vendre en gros ni en
détail. Un Ecrit fignifié, Requête dudit Petit, le dix-feptiéme dudit mois. Copie de Sentence renduë audit Bailli-
ge le même jour, par laquelle ledit Petit eft condamné de
payer le droit defdits Mefureurs de Grains, pour la Mine
de Féves dont étoit queftion; & en ce faifant, ordonné
que lefdites Féves lui feroient renduës, & pour faire droit
au furplus : Mandement à iui accordé pour faire venir la
Communauté en Caufe, l'Exploit d'affignation donné en
conféquence aufdits Intimez, ce qui eft dudit Petit; Sentence renduë audit Bailliage le vingt dudit mois, fur l'a-
prochement fait dudit Hebert, requète des Apelans par
laquelle il eft dit à bonne caufe l'aprochement : ce faifant,
ordonné que les deux Mines de Féves en queftion faifies,
requête defdits Apelans feroient vendus à la Halle au Public, & pour être fait droit au furplus, l'Inftance jointe à
celle du Mandement obtenu par ledit Petit. Deux Copies de
Procès verbaux de Saifie faite, requête des Intimez le
vingt-cinquiéme dudit mois, fur deux Marchands de Grains
des chofes y mentionnées, avec Affignation pour voir con-
fifquer les Grains faifis. Sentence d'apointé, renduë entre
lefdites Parties le vingt-feptiéme du même mois. Un Ecrit
defdits Marchands de Grains, fignifié le trentiéme jour de
Mars mil fept cens cinq, tendant à ce que deffenfes fuffent
faites aux Intimez & à tous autres, de vendre & débiter
en détail aucuns Grains, Féves & autres chofes dépendans
defdits Marchands de Grains. Un autre Ecrit defdits Intimez du vingt-huitiéme dudit mois, par lequel ils avoient
conclu à ce qu'il fut dit, à tort l'aprochement fait, requête defdits Apelans : ce faifant, qu'ils feroient maintenus dans
la poffeffion de vendre dans leurs Boutiques les menus

grains à petites mesures , au préjudice des Apelans , aufquels défenses feroient faites d'en vendre dans leurs Bouti-
tiques. Requête présentée au Juge dont eft apel , le douziéme jour de May audit an par lefdits Apelans , aux fins y
énoncées. Copie d'un Ecrit de conteftation , fourni par lefdits Intimez , le dix-huitiéme jour du même mois. Requête par eux préfentée audit Juge dont eft apel , le feiziéme du même mois , auffi aux fins & conclufions y mentionnées. Un autre Ecrit de conteftation , fignifié le quatriéme de Juillet fuivant. Sentence du feiziéme du même mois ,
qui ordonne que le tout fera remis ès mains du Raporteur.
Un Ecrit de folution des Intimez , fignifié le dix-neuviéme
jour d'Octobre audit an , ladite Sentence dont eft apel dudit jour vingt & un de Juillet mil fept cens fix , faifant droit
fur les aprochemens , les Parties font envoyées hors de
procès : ordonné qu'il en fera ufé comme par le paffé : enjoint à l'un & à l'autre defdites Communautez d'obferver
les Réglemens , lefdits Sindics des Marchands de Grains
condamnez au Couft du Raport , Conclufions & de ladite
Sentence : les Lettres d'apel obtenuës par les Apelans , le vingt-
quatre dudit mois , au dos defquelles eft l'Exploit de fignification qui en a été faite aux Intimez , avec affignation
en notredite Cour pour procéder fur ledit apel ; les Actes
de préfentations mifes au Greffe de notredite Cour par
les Procureurs des Parties ; Griefs fournis en notredite
Cour par les Apelans , le premier jour de Juin mil fept
cens fept , par lefquels ils auroient conclu à ce qu'il plût
à notredite Cour , mettre l'apellation & ce dont au néant :
émandant , que lefdits Marchands de Grains feront maintenus feuls & à l'exclufion de tous autres , en la faculté
de vendre & débiter en gros & en détail , fuivant & conformément à l'Edit de mil fix cens quatre-vingt-treize , dans
leurs Boutiques ainfi que dans la Halle , toutes fortes de
menus Grains , comme Avoine , Orge , Poids , Féves &
autres de cette nature , faire défenfes à tous Chandeliers
& autres Revendeurs , de s'immiffer à ladite vente , & que

lefdits Chandeliers feront condamnez aux dépens de la caufe principale & d'apel : & qu'il leur fera permis de faire lire & afficher l'Arreft qui interviendra. Réponfe à Griefs defdits Intimez fignifiée le cinquiéme de Juillet fuivant , par lefquels ils auroient conclu à la confirmation de ladite Sentence , aux amendes & dépens. Requête prefentée à notredite Cour par lefdits Apelans , le quinziéme dudit mois par eux employée pour conteftation aux Réponfes à Griefs ci-deffus , contenant en outre production nouvelle d'une Copie des Articles des Statuts prefentez à nous en mil fix cens foixante & dix-huit , par les Maitres & Maitreffes , Marchands & Marchandes Grainiers & Grainieres de la Ville & Fauxbourgs de Paris, vérifiez au même Parlement en mil fix cens quatre-vingt-quatorze , & de l'Edit du mois de Juin mil fept cens fix , portant réunion des Offices de Sindics aux Corps & Communautez , au bas de laquelle Requête eft l'Ordonnance de notredite Cour , portant ait, a été, & au furplus foient les Requêtes & Piéces communiquées à Parties pour y fournir de contredits. L'Inventaire de production des Apelans fignifié le vingt-troifiéme dudit mois de Juillet. Un Ecrit de contredits , fourni le neuviéme jour d'Aouft audit an mil fept cens fept pour lefdits Intimez , contre la fufdite Requête , leur Inventaire de production fignifié le feiziéme du même mois. Un Factum Imprimé fignifié à la requête defdits Apelans , le vingt-feptiéme jour de Février mil fix cens huit. Un autre Factum defdits Intimez , fignifié le cinquiéme jour de Mars de la même année : & généralement tout ce que par lefdites Parties a été mis , écrit & produit par devers notredite Cour ; Conclufions de notre Procureur Général : & oui le Raport du Sieur de Tiomois, Confeillier-Raporteur : Tout confidéré ; Notredite Cour par fon Jugement & Arreft, a mis & met l'apellation au néant , ordonne que ce dont eft apel fortira fon plein & entier effet : condamne les Apelans en l'amende ordinaire de douze livres envers nous , & aux dépens , Raport & Couft du prefent Arreft : SI DON.

DONNONS EN MANDEMENT: Au premier des Huissiers de notre Cour de Parlement, ou autre notre Huissier ou Sergent sur ce requis, le present Arrest de la part desdits Maitres & Gardes Chandeliers, mettre à duë & entiére exécution selon sa forme & teneur : de ce faire te donnons pouvoir. Donné à Rouen en notredite Cour de Parlement, le dixiéme jour de Mars, l'An de Grace mil sept cens huit, & de notre Régne le soixante & cinquiéme. Collationné. *Signé*, LE JAULNE. *Et plus bas* : Par la Cour, *Signé*, BELLIARD. Et Scellé.

SENTENCE
RENDUE AU SIEGE
DE LA POLICE
DU BAILLIAGE
DE ROUEN,

QUI fait Défenses à tous les Maitres de la Communauté des Marchands Chandeliers, de faire de la Chandelle des Rois de quelque façon qu'elle soit, & d'en donner à l'avenir, fous la peine d'Amende ci-deſſous portée.

Du vingt-quatre Décembre 1740.

L'AN de grace mil ſept cens quarante, le Samedi vingt-quatriéme jour de Décembre : Devant Nous JACQUES BILLARD DE NAINVILLE Ecuïer, Conſeiller du Roy, Lieutenant Général de Police au Bailliage, Ville & Vicomté de Roüen. Sur la Requête à Nous preſentée par les Sieurs Jean Guiſier, Jean Queſné, Nicolas Deſportes & Nicolas Jame, Maitres & Gardes année preſente, de la Communauté du Métier de Chandelier en cette Ville, Fauxbourgs & Ban-

fleuë : expofitive qu'ils Nous ont ci-dévant donné leur Requête , aux fins d'être autorifez de convoquer une Affemblée générale de tous les Maîtres de ladite Communauté ,
pour déliberer au fujet du Suif qui s'employoit pour la Chandelle des Rois ; ce que Nous leur aurions acordé , par nôtre
Ordonnance du 20. de ce mois , fur les Conclufions du Procureur du Roy , dudit jour ; en conféquence de laquelle ,
lefdits Maîtres affemblez , aprés l'expofé defdits Gardes , que
la plus grande partie de leurs Maîtres employent , pour la
Chandelle qu'ils donnent dans le tems des Rois , le meilleur Suif de leurs Boutiques , de façon que la Chandelle
qu'ils vendent , eft d'un Suif trés-inferieur ; ce qui étoit ex-
preffément défendu , par un Arreft de la Cour , du 20.
Décembre 1614. portant inhibitions à tous lefdits Maitres-
Jurez dudit Métier de Chandelier en cette Ville , de faire
de ladite Chandelle , dite des Rois , peinte & par forme
de triangle , quarrée ou petit moule , pour éviter aux inconveniens & abus qui fe commettent, à peine de confifcation de ladite Chandelle , & de vingt livres d'Amende : Sur
quoi lefdits Maitres ont déliberé , qu'il ne foit donné ni fait
aucune Chandelle dite des Rois , fous les peines portées par
ledit Arreft deffus daté ; à laquelle fin , qu'icelle Delibéra-
tion feroit homologuée en Juftice , pour être exécutée felon fa forme & teneur , & lefdits Gardes autorifez de pourfuivre ladite homologation , aux dépens de la Communauté ;
& que la Sentence qui interviendroit , feroit lûë , publiée &
affichée , afin qu'aucun Maitre n'en ignore , fuivant le Procès verbal de Me Moriffet , du 22. dudit mois : Pourquoi
lefdits Gardes ont recours à nôtre autorité , à ce qu'il Nous
plaife , fur les Conclufions du Procureur du Roy , vû ledit
Arreft de la Cour , Requête & Délibération , homologuer
icelle Délibération ; quoi faifant , ordonner l'exécution dudit Arreft de la Cour ; à laquelle fin , faire défenfes à tous
les Maitres de ladite Communauté , de donner ni faire aucune
Chandelle dite des Rois , fur les peines portées en icelui
Arreft & ladite Délibération , laquelle feroit exécutée felon

fa forme & teneur ; & que la Sentence qui interviendroit,
feroit lûë, publiée & affichée, afin qu'aucuns defdits Maitres n'en prétendiffent caufe d'ignorance, & que lefdits Gardes feroient autorifez d'employer tous frais dans leurs Comptes. Vû ladite Requête, dûëment fignée defdits Gardes, &
de Me le Grand Procureur de ladite Communauté ; nôtre
Ordonnance d'être communiquée au Procureur du Roy :
ladite Déliberation de laquelle la teneur enfuit. Jacques-
Michel Moriffet Sergent Royal, Huffier de Police au Bailliage & Vicomté de Rouen, y reçû, demeurant rüë des
Charettes, Paroiffe de S. Vincent, fouffigné, certifie que
cejourd'hui 22. Décembre 1740. à la requête des Maitres
& Gardes Chandeliers de la Ville, Fauxbourgs & Banlieüe
de Roüen, ftipulez & reprefentez par le Sieur Jean Guiffier
un d'iceux, demeurant fur l'Eau de Robec, Paroiffe de
Saint Maclou, lefquels m'ont requis de me tranfporter pre-
fentement dans la Chambre de leur Communauté, fçife rüe
du Change, aux fins par moi d'y recevoir les voix & fuffra-
ges de ladite Communauté, fur la convocation qui a été
faite d'icelle, par Pierre Defportes Clerc de ladite Communauté, pour fe trouver cejourd'hui trois heures après midy,
dans ladite Chambre, pour y déliberer fur ce qui feroit propofé par lefdits Sieurs Gardes, où étant, ledit Defportes
m'a attefté avoir porté chez tous les Maitres de ladite Communauté, des Billets imprimez, pour être à l'Affemblée aux
fufdits jour, lieu & heure, & à quoi ils font tenus de fe
trouver, fous peine de trois livres d'Amende, conformé-
mément à la Requète & Ordonnance de Monfieur le Lieutenant Général de Police du Bailliage de Rouen, renduë
fur les Conclufions de Monfieur le Procureur du Roy dudit
Siége, en date du 20. de ce mois, dûëment fignée, fcellée,
& en forme y recours ; portant que ce qui fera arrêté
par les prefens, vaudra contre les abfens : Et par lefdits
Sieurs Gardes a été dit que la plus grande partie des Maitres de ladite Communauté employent, pour la Chandelle
qu'ils donnent dans le tems des Rois, le meilleur Suif de
leurs

leurs Boutiques , de façon que la Chandelle qu'ils vendent
enfuite , eſt d'un Suif très-inferieur ; ce qui eſt expreſſement
défendu par un Arreſt de la Cour , du 20. Décembre 1614.
portant inhibitions à tous leſdits Maitres-Jurez dudit Métier
de Chandelier en cette Ville , de faire de la Chandelle des
Rois , peinte , ou par forme de triangle quarré ou petit Moule , pour éviter aux inconveniens & abus qui ſe commettent ,
à peine de confiſcation de ladite Marchandiſe , & de vingt
livres d'Amende : Et d'autant qu'il eſt néceſſaire de rafaîchir
la mémoire dudit Arreſt à ladite Communauté ; pourquoi
avant que de déliberer , lui a été donné lecture de ladite
Requête & Ordonnance ci-deſſus datée , enſemble dudit Arreſt de la Cour , après quoi ils ont délibéré ce qui ſuit , après
leur avoir donné encore lecture du preſent , & qu'autant
du preſent ſoit porté ſur le Regiſtre de ladite Communauté , Jacques Flamen , & les Maitres ſouſſignez ſont d'avis
qu'il ne ſoit donné ni fait aucune Chandelle dite des Rois ,
ſous les peines portées par l'Arreſt de la Cour ci-devant daté ; & à cette fin , que la preſente Déliberation ſera homologuée en Juſtice , pour être exécutée ſelon ſa forme & teneur ; autoriſons leſdits Sieurs Gardes d'en pourſuivre l'homologation , aux frais & dépens de ladite Communauté ; &
que la Sentence qui interviendra , ſoit lûë , publiée & affichée , afin qu'aucuns deſdits Maitres n'en ignorent , étant ſigné après lecture ; & demandent en plus outre , que la preſente ſoit portée ſur le Regiſtre de ladite Communauté. Signez , Jacques le Flamen , G. Bertain , F. le Prevoſt , Re-
né-Hin , Nicolas Renault, Guillaume Blanchard , Jean Pain ,
Romain le Rat , Jean-Baptiſte Blanchard , J. Dulong , Jacques Soulage, Remy Gaillard , Duteurtre , Jean Martin ,
Robert Gaumare , F. Rouſſel , Pierre Lenouvel Chandelier ,
Jean-Jacques Druault , N. Rogeré , Pierre le Flamen , Tardif , Fuguerey, Jean Doudet , Robert le Févre , Avenel ,
Michel , F. le Prevoſt , & Gruel , avec paraphes : Et après
avoir été à ladite Aſſemblée depuis la ſuſdite heure de trois
heures , juſqu'à celle de cinq heures ſonnées , & qu'il ne s'eſt

E e

trouvé aucuns Maitres à délibérer que ceux ci-deſſous nommez, ledit Deſportes m'ayant ateſté, comme devant eſt dit,
avoir fait ſa Semonce générale, en la maniere accoûtumée,
leſdits Sieurs Gardes & Prevoſts m'ont déclaré être de l'avis
dudit Sieur Jacques le Flamen ; & aprés quoi, je me ſuis
retiré, & du tout fait & dreſſé le preſent Procès verbal,
pour valoir & ſervir, à telle fin que de raiſon, par moi
ſouſſigné. Signez, J. Guiſier, N. Deſportes, J. Queſné,
N. Jame, L. Quibel, Deloges, & Moriſſet, avec paraphes;
contrôlé à Roüen, le 23. Décembre 1740. reçû douze ſols.
Signé, Delhomme, avec paraphe : Concluſions du Procureur
du Roy étant au bas de ladite Requête, dudit jour 23. dont
du tout lecture faite, N O U S avons ordonné que la Délibération de la Communauté du Métier de Chandelier, du
22. de ce mois, ſera regiſtrée ès Regiſtres du Greffe de ce
Siege, pour être exécutée ſuivant ſa forme & teneur ; &
en conſequence, défenſes à tous les Maitres dudit Métier de
Chandelier, de faire ni donner aucunes Chandelles dites des
Rois, peintes & par forme de triangle quarré ou petit Moule, à peine de vingt livres d'Amende ; Ce qui ſera imprimé, lû, publié & affiché, par tout où beſoin ſera ; à laquelle fin, leſdits Gardes autoriſez d'employer les frais dans
leurs Comptes : Et mandé ou premier Huiſſier ou Sergent
Royal ſur ce requis, ces Preſentes dûëment exécuter, de la
part deſdits Gardes. Donné comme deſſus. Et ſcellé.

*La Preſente réimprimée & afichée, en conſéquence de no-
tre Ordonnance, ſur les Concluſions du Procureur du Roy,
de cejourd'hui 28 Décembre 1741 étant au bas de la Requête
preſentée par les Gardes Chandeliers, dûëment en forme.*

Signez, B I L L A R D, & L E R N A U L T, avec paraphes.

ARREST

DE LA COUR DE PARLEMENT

DE ROUEN,

QUI permet aux Gardes Chandeliers de faire des Saiſies & Aprochemens , vertu de leur Commiſſion de Gardes , & ſans qu'il ſoit beſoin de Requête , tant ſur les Maitres Particuliers de leur Métier , que ſur les Marchandiſes expoſées publiquement en vente par Gens ſans qualité , ſoit dans la Ruë , ſoit dans les Boutiques ouvertes ſeulement.

Du vingt-neuf Juillet 1743.

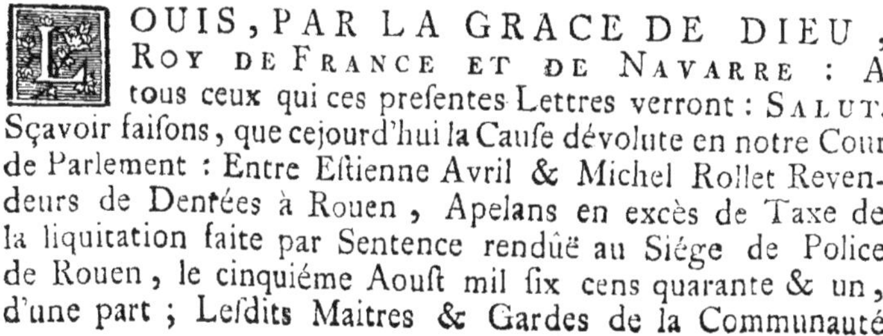

OUIS, PAR LA GRACE DE DIEU , ROY DE FRANCE ET DE NAVARRE : A tous ceux qui ces preſentes Lettres verront : SALUT. Sçavoir faiſons, que cejourd'hui la Cauſe dévolute en notre Cour de Parlement : Entre Eſtienne Avril & Michel Rollet Revendeurs de Denrées à Rouen , Apelans en excès de Taxe de la liquitation faite par Sentence rendûë au Siége de Police de Rouen , le cinquiéme Aouſt mil ſix cens quarante & un , d'une part ; Leſdits Maitres & Gardes de la Communauté

des Marchands Chandeliers de la Ville, Fauxbourgs & Banlieuë de Rouen, Intimez audit apel, d'autre part ; Vû par notre Cour l'Arreſt rendu entre leſdites Parties, le neuf de Février mil ſept cens quarante-deux, par lequel notre Cour Parties oüyes, & notre Procureur Général ſur l'apel les a apointés au Conſeil, pour être le Procès Jugé en la Grand'-Chambre, ſignifié de Procureur à Procureur le douze dudit mois, avec déclaration de mettre le Procès en diſtribution, avec ſommation de donner des ſuſpects ; ladite Sentence renduë audit Siége de Police de Rouen, le cinq Aouſt mil ſept cens quarante & un ; entre leſdits Maitres & Gardes Chandeliers, ſur l'aprochement par eux fait pour les cauſes mentionnées en iceluy, deſdits Rollet & Avril audit Siége de Police, par laquelle il eſt dit : Oüi notre Procureur, à bonne cauſe l'aprochement avec dépens, pour valoir d'interêts ; & néanmoins ſans tirer à conſéquence, & pour cette fois ſeulement, main levée des biens ſaiſis ; enjoint auſdits Rollet, Avril & à tous autres d'obſerver les Réglemens ſous plus grandes peines, & ſera ladite Sentence lûë, publiée & affichée par tout où beſoin ſera : leſquels dépens ont été liquidez à la ſomme de ſoixante-ſix livres quatre ſols neuf deniers, non compris le Couſt de ladite Sentence, Impreſſion, Archives & Sceau, ſignifié de Procureur à Procureur le vingt-trois dudit mois. Exploit de ſignification d'icelle dudit jour requête deſdits Maitres & Gardes Chandeliers, auſdits Rollet & Avril, avec ſommation à eux faite de payer la ſomme de quatre-vingt-dix-huit livres quatorze ſols trois deniers pour les dépens taxez par ladite Sentence, Droits Royaux & Couſt d'icelle ; ce faiſant, de payer chacun pour leur moitié la ſomme de quarante-neuf livres ſept ſols deux deniers, contrôlé à Roüen, le vingt-cinquiéme dudit mois. Copie collationnée par le Sieur le Maſſon notre Secretaire, d'Arreſt de notre Cour du vingt-deux Avril mil ſept cens vingt-quatre, entre leſdits Maitres & Gardes Chandeliers & les Revendeurs & Revendereſſes de menuës Denrées & Vituailles en ladite Ville ; Sentence renduë au Siége de la
Police

Police de Rouen, le onze Octobre mil fept cens un ; contenant les Statuts des Revendeurs de la Ville & Fauxbourgs
de Rouen ; Lettre de Maitrife de Therefe Herambourg ,
femme de Michel Rollet , de revente de Bois , Beure & autres chofes y mentionnées ; Mandement obtenu au Siége de
la Police de Rouen , par lefdits Maitres & Gardes Chandeliers , le premier de Juillet mil fept cens quarante & un.
Exploits de faifies & d'aprochemens , requête defdits Maitres
& Gardes Chandeliers , defdits Avril & Rollet dudit jour ,
contrôlés à Rouen , ledit jour ; Cédulles de prefentations
defdits Maitres & Gardes , des cinq & fix dudit mois ; Sentence rendûë audit Siége de Police , le quinze dudit mois ,
qui joint les Inftances. Extrait de production defdits Maitres
& Gardes du dix-fept dudit mois : Autre Extrait de production à leur Requête du cinq Aouft audit an : Copie d'Exploit d'interjet d'apel dudit Avril , tant pour luy que pour
ledit Rollet , du vingt-quatre dudit mois ; Exploit defdits Maitres & Gardes , du vingt-fixiéme dudit mois ,
contrôlé à Rouen le vingt-huit. Copie d'Exploit dudit jour ; Lettres d'anticipation obtenuës par lefdits Maitres & Gardes Chandeliers , le neuviéme jour de Septembre audit an. Exploit de fignification d'icelle à leur requête dudit jour aufdits Rollet & Avril , avec affignation à
eux faite à comparoir en notre Cour , contrôlé à Rouen ledit
jour. Cédulles de préfentations & Actes , tant defdits Maitres
& Gardes Chandeliers , que defdits Rollet & Avril , des
dix , douze , dix-neuf Octobre , fept , dix , vingt-trois de
Novembre audit an , vingt de Janvier mil fept cens quarante-deux , Mémoire de dépens en Papier de Formulle &
non figné , produit en notre Cour par lefdits Maitres &
Gardes Chandeliers , en exécution d'Arreft de notre Cour ,
du quinze de Décembre précédent , lequel Mémoire contient
foixante-trois Articles , tous lefquels Articles ont été cottez
& croifez par Maitre Siouret Procureur defdits Avril &
Rollet , dont le premier eft employé pour dix fols , le fecond pour cinq fols , le troifiéme pour treize fols quatre

deniers , le quatriéme pour quinze fols , le cinquiéme pour fept fols , le fixiéme pour quinze fols , le feptiéme pour vingt fols , le huitiéme pour quinze fols , le neuviéme pour vingt-fept fols , le dixiéme pour treize fols quatre deniers , le onziéme pour fept livres dix fols , le douziéme pour dix fols , le treiziéme pour treize fols quatre deniers , le quatorziéme pour trente fols , le quinziéme pour dix fols , le feiziéme pour cinq fols , le dix-feptiéme pour treize fols quatre deniers , le dix-huitieme pour vingt & un fols fix deniers , le dix-neuviéme pour treize fols quatre deniers , le vingtiéme pour dix fols , le vingt & un pour treize fols quatre deniers , le vingt-deux pour fept livres dix fols , le vingt-trois pour trente fols , le vingt-quatre pour dix fols , le vingt-cinq pour dix fols , le vingt-fix pour cinq fols , le vingt-fept pour treize fols quatre deniers , le vingt-huit pour vingt & un fols fix deniers , le vingt neuf pour treize fols quatre deniers , le trente pour dix fols , le trente & un pour treize fols quatre deniers , le trente deux pour dix fols , le trente-trois pour dix fols , le trente-quatre pour treize fols quatre deniers , le trente-cinq pour feize fols onze deniers , le trente-fix pour dix fols , le trente-fept pour quatre fols , le trente-huit pour treize fols quatre deniers , le trente-neuf pour dix fols , le quarante pour foixante & douze fols fix deniers , le quarante & un pour douze fols , le quarante-deux pour treize fols quatre deniers , le quarante-trois pour dix fols , le quarante-quatre pour treize fols quatre deniers , le quarante-cinq pour dix fols , le quarante-fix pour quatre fols , le quarante-fept pour feize fols onze deniers , le quarante-huit pour dix fols , le quarante-neuf pour treize fols quatre deniers , le cinquante pour trente & une livres neuf fols fix deniers , le cinquante & un pour dix-huit fols , le cinquante-deux pour treize fols quatre deniers , le cinquante-trois pour deux fols , le cinquante-quatre pour fept fols fix derniers , le cinquante-cinq pour quatre fols , le cinquante-fix pour treize fols quatre deniers , le cinquante-fept pour quatre livres dix fols , le cinquante-huit pour vingt fols , le cinquante-neuf pour

treize fols quatre deniers , le foixante pour quatre livres dix
fols , le foixante & un pour quinze fols , le foixante & deux
pour quatre livres dix fols , & le foixante & troifiéme & dernier pour trente fols ; Requête prefentée en notre Cour par
lefdits Avril & Rollet , le vingt-huitiéme jour d'Avril mil
fept cens quarante-deux , pour leur fervir de griefs & de
moyens d'apel , & faire dire fous le bon plaifir de notre Cour , que les Conclufions par eux prifes fur tous
les Articles par eux cottez & croifez leurs feront ajugez avec dépens , modérez à foixante - dix livres , ladite
Requête foufcrite d'Ordonnance foit fignifiée à Partie , fignifiée le trente dudit mois. Ecrit de réponfe à Griefs ,
fourni en notre Cour le vingt-fept de Juin. Ecrit de réponfe à Griefs , fourni en notre Cour par lefdits Maitres
& Gardes Chandeliers , fignifié le vingt-feptiéme jour de
Juin mil fept cens quarante-deux , par lequel ils ont conclu à ce qu'il plût à notre Cour , mettre l'apellation au
néant : ce faifant , ordonner que la liquidation des dépens fera exécutée pour la fomme de quatre-vingt dix-huit
livres quatorze fols trois deniers , & condamner lefdits Apelans aux dépens. Ecrit de conteftation fourni en notre
Cour , par lefdits Rollet & Avril , fignifié le cinq de Fé-
vrer mil fept cens quarante-trois. Acte fait fignifier , requête defdits Rollet & Avril , fignifié le vingt-feptiéme
jour de Juin audit an. Autre Acte fait fignifier ledit jour
par lefdits Maitres & Gardes Chandeliers de proteftation
de nullité de l'Ecrit de conteftation defdits Rollet & Avril ,
& généralement tout ce que lefdites Parties ont clos , mis,
écrit & produit par devers notre Cour , Conclufions de notre Procureur Général , & oüi le Rarport du
Sieur Abbé du Coudray , Confeiller-Commiffaire : tout confidéré : NOTRE DITE COUR par fon Jugement & Arreft , a mis & met l'apellation & ce dont eft apel au néant :
émandant , a réduit les dépens ajugez & liquidez par
la Sentence du cinq Aouft mil fept cens quarante & un ,
à la fomme de cinquante-huit livres huit fols & un denier ,

& en conféquence , a déchargé les Apelans du furplus defdits dépens , montant à la fomme de quarante livres fix fols deux deniers , & des droits réfervez payez pour raifon de ladite fomme , fauf aux Intimez à fe faire rembourfer par ceux qui ont trop reçû , notamment de trente fols de trop , reçûs par le Greffier de Police , pour le dépôt des Beures dont étoit queftion : Et faifant droit fur les plus amples Conclufions de notre Procureur Général , a condamné Moriffet Sergent, à reftituer aufdits Gardes Chandeliers, la fomme de fix livres par lui induëment perçuë , pour les deux Procès verbaux & fignification de la Sentence diffinitive : ordonne en outre que lefdits Gardes Chandeliers & les Gardes des autres Métiers, feront en vertu de leurs commiffions de Gardes, & fans qu'il foit befoin de Requête, toutes faifies & aprochemens ,tant fur les Maitres particuliers de leurs Métiers , que fur les Marchandifes expofées publiquement en vente par gens fans qualité, foit dans la ruë , foit dans les Boutiques ouvertes feulement , fauf à eux à fe pourvoir d'un Mandement fur Requête, lorfqu'il fera queftion d'entrer dans l'intérieur de la Maifon defdites perfonnes fans qualité , à l'effet dequoi ordonné, que le prefent Arreft fera regiftré au Greffe de la Police de Rouen , à la requête de notre Procureur Général , pour être exécuté felon fa forme & teneur , condamne lefdits Gardes Chandeliers à la moitié des dépens de la caufe d'apel , ladite moitié modérée à la fomme de trente livres & l'autre moitié compenfée , condamne en outre lefdits Gardes Chandeliers au Raport & Couft du prefent Arreft: SI donnons en Mandement au premier des Huiffiers de notredite Cour de Parlement, ou autre notre Huiffier ou Sergent fur ce requis , mettre le prefent Arreft à duë & entiére exécution felon fa forme & teneur , de ce faire te donnons pouvoir , en témoin dequoi nous avons fait mettre & apofer notre Scel à cedit prefent Arreft. Donné à Rouen en Parlement , le vingt-neuviéme jour de Juillet , l'An de Grace mil fept cens quarante trois , & de notre Régne le vingt-huit : Collationné , *Signé*, HEUZE' : Et plus bas , Par la Cour ; LE TELLIER, Avec Paraphe. Et Scellé.

ARTICLE

ARTICLES
DE STATUTS NOUVEAUX,
POUR SERVIR DE LOY
AUX MARCHANDS CHANDELIERS,

ARRESTÉS LE 23 AOUST 1738.

ARTICLE PREMIER.

POUR la Police & bon Gouvernement de la Communauté, il y aura toûjours quatre Gardes de Service, dont deux sortiront d'Exercice le vingt-six de Décembre, & seront remplacés le même jour par deux autres, dont l'Election se fera à la pluralité des voix, en la Chambre ordinaire de la Communauté, convoquée en la maniere accoutûmée.

ARTICLE II.

La Confrairie établie sous les noms de Saint Jean-Baptiste, Saint Maur & Saint Lubin, continuëra d'être régie par un des Maîtres de la Communauté, qui sera élû suivant

G g

l'ufage le dernier Dimanche du mois d'Aouſt de chaque année , ſous le Tittre d'Adminiſtrateur de la Confrairie , lequel veillera à faire célébrer le Service Divin.

ARTICLE III.

Chaque Maitre ſera tenu à tour de Rôle de faire dire & célébrer par chaque Dimanche la Sainte Meſſe en la Chapelle où eſt érigée la Confrairie , ainſi qu'il s'eſt de tout tems pratiqué , & ſi aucuns en ſont refuſans , ils feront exclus de connoître à l'avenir des Affaires de la Communauté , par privation des Aſſemblées , & payeront en outre à la Confrairie , comme par Amende , la ſomme de vingt ſols , ſans néanmoins comprendre dans le preſent Article , les Maitres d'une pauvreté reconnuë.

ARTICLE IV.

Lorſqu'il faudra délibérer ſur les Affaires de la Communauté , il ſera fait Aſſemblée générale de tous les Maitres ; laquelle ſera convoquée par Billets à la diligence des Gardes , en la maniere accoûtumée ; à peine contre les défaillans de trois livres d'Amende pour le Bureau , s'il n'y a maladie , ou autre empêchement légitime.

ARTICLE V.

Nul ne poura être reçû Marchand Chandelier de la Ville , Fauxbourgs & Banlieuë de Roüen , qu'il ne ſoit de la Religion Catholique , Apoſtolique & Romaine , qu'il n'ait été Aprentif quatre années , & n'ait accompli ſon tems par un domicile effectif chés ſon Maître d'Aprentiſſage , ſans diſcontinuation , & ſera tenu ledit Aprentif , pour l'Enregiſtrement de ſon Brevet , qui ne ſera valable qu'autant qu'il ſera ſigné des Gardes , de payer à la Confrairie la ſomme de quatre livres , trois livres à chacun des Gardes , trente ſols à chacun des Prevôts , & quinze ſols au Clerc de la Communauté ; & où il arriveroit qu'aucun Aprentif , avant l'accompliſſement de ſon tems , quiteroit ſon Maître d'Aprentiſſage fans fon confentement ; dont il fera tenu de juftifier par écrit ; en ce cas il demeurera déchû de la Maîtrife , & fon Brevet d'Aprentiffage fera remis és mains des Gardes , pour être dépofé au Coffre de la Communauté, ou pour lui être pourvû d'un autre Maître par les Gardes , au cas où la defertion auroit été fondée fur une caufe valable & légitime.

ARTICLE VI.

Si-tôt qu'un Afpirant fe prefentera pour être reçû Maître , & demandera à faire Chef-d'œuvre , les Gardes feront tenus de fatisfaire à fon Requifitoire dans trois jours , & d'y apeller au moins cinq autres Maîtres du nombre des anciens , pour affifter avec eux au Chef-d'œuvre ; & s'il eft bien & dûëment fait, il en fera donné Acte à l'Afpirant, par un Certificat qui fera figné de tous ceux qui y auront été apellés , & qui ne pouront être en moindre nombre que neuf , comme il s'eft de tout tems pratiqué ; L'Afpirant fera enfuite conduit au Serment par les Gardes devant le Lieutenant Général de Police , pour lui être délivré fon Brevet de Maitrife qui fera figné des Gardes ; à peine de nullité d'icelui.

ARTICLE VII.

Nul Afpirant ne poura fe prefenter au Serment qu'en la prefence des Gardes, & qu'il ne faffe aparoir au Juge du Certificat de fon Chef-d'œuvre, dont fera fait mention dans le Brevet de Maitrife ; à peine de nullité du Brevet.

ARTICLE VIII.

Lors de la Recéption les Afpirans payeront quatre livres pour la Confrairie , trois livres à chacun des Gardes , trente fols à chacun des deux Prevôts , & quinze fols au Clerc de ladite Communauté , à l'exception toutes-fois des fils de Maîtres qui ne feront tenus que du droit de Confrairie feulement , & qui pourront être admis à la Maitrife , en faifant néanmoins le Chef - d'œuvre tel qu'il fera réglé par la Communauté.

ARTICLE IX.

Nul Marchand Chandelier ne poura faire ni recevoir aucun Aprentif dans fa Maifon, qu'au préalable il n'ait tenu Boutique ouverte l'efpace de quatre années, & aucuns Maitres ne pouront prendre ni faire qu'un feul Aprentif à la fois.

ARTICLE X.

Nul Maitre ne poura avoir qu'une Boutique, qui fera dans le lieu de fon domicile effectif & non ailleurs, & ne poura pareillement établir ni vendre fa Marchandife en aucune autre Place, le tout à peine de cinquante livres d'Amende, aplicable les deux tiers au Roy, & l'autre tiers aux Gardes.

ARTICLE XI.

Nul Maitre ne poura ouvrir Boutique fes jours auxquels arrivent les Fêtes de Saint Maur & de Saint Lubin, à peine de dix livres d'Amende, aplicable à l'entretient des Ornemens de la Confrairie.

ARTICLE XII.

Les Gardes ne pouront rendre leurs comptes qu'en préfence de neuf Maitres ; Sçavoir, trois Anciens, trois Modernes, & trois Jeunes, qui feront apellez à tour de Rôle, lefquels ne feront parens ni alliez des comptables : à peine de nullité de la reddition du compte, & d'être par les oyants compte refponfables de la geftion du comptable.

ARTICLE XIII.

Nul Maître ne poura faire & fabriquer que de la Chandelle de Suif, & fera tenu de la faire bonne, loyalle & marchande, & de n'y employer que de bon Suif & de bon Coton, fous peine de confifcation & d'Amende arbitraire qui fera prononcée par les Juges de Police.

ARTI.

ARTICLE XIV.

La Chandelle ne fera réputée bonne, loyale & marchande, que lors qu'elle fera compofée de Suifs de Beuf & de Mouton, & que la Méche des feize longues à la livre, fera de deux fils de coton, & un fil de lin blanc, & les plus groffes méches à proportion, avec défenfes expreffes d'employer d'autre Suif ni d'autre matiere à la compofition de la Chandelle, comme Suifs de Chaircuitiers, Suifs de Mofcovie & autres Graiffes, ni faire Chandelles embouquées.

ARTICLE XV.

Les Marchands Chandeliers pourront feuls vendre de l Chandelle en détail, à l'exclufion de toutes autres perfon nes, même des Regratiers, Revendeurs & Revenderefles, & de tous Marchands & Artifants de la Ville & Fauxbourgs de Rouen, qui ne pourront en faire la vente en détail, à peine de confifcation & de cinquante livres d'Amende, aplicable aux befoins de la Communauté des Maitres Chandeliers.

ARTICLE XVI.

Si quelque Particulier autre que les Marchands Chandeliers, s'immiffoit à faire de la Chandelle, foit dans fa propre maifon ou en maifon étrangere pour la vendre, les Gardes feront autorifez à faifir ladite Chandelle, Suif & Outils qui auront fervi à la fabrication, & feront affigner les contrevenants devant le Lieutenant Général de Police, pour en voir ordonner la confifcation, & être condamnez en l'Amende au cas apartenant, aplicable comme deffus aux befoins de la Communauté.

ARTICLE XVII.

Toutes les fois que dans le cours de leurs Vifites, les Gardes trouveront chez les Maitres quelque Ouvrage ou

H h

Marchandifes vicieufes ; ils procéderont par Saifies , & feront
affigner les contrevenants devant le Lieutenant Général de
Police , pour en faire juger la confifcation , avec Amende ,
dont les deux tiers du produit de la confifcation & Amende , apartiendront au Roi , & l'autre tiers aux Gardes , aux
termes des anciens Réglemens.

ARTICLE XVIII.

Pour arrêter le cours des faux Ouvriers , dont le nombre
fe multiplie tous les jours , par la facilité où font la plûpart
des Maitres , de prendre chez eux des Garçons & Domef-
tiques , aufquels ils confient la cuiffon des Suifs & la fabrication de la Chandelle ; & qui les quittent le plus fouvent ,
pour faire un commerce furtif , auffi-tôt qu'ils croyent avoir
acquis une connoiffance fuffifante dudit Métier : ce qui eft
préjudiciable au bien public & à celui de la Communauté ;
& attendu qu'il y a plufieurs pauvres Maitres dans la Communauté , & fils de Maitres , qui n'ont point de travail ,
il eft très-expreffément deffendu aux Marchands Chandeliers ,
de faire à l'avenir fondre leurs Suifs & œuvrer la Chandelle , que par les pauvres Maitres , Fils de Maitres & Aprentifs jurez , tant qu'il y en aura quelqu'un d'entr'eux qui fera fans emploi , & qui defirera travailler , à peine de cinquante livres d'Amende , aplicable aux pauvres Maitres ; &
à cet effet fera fait régulierement tous les ans , à la diligence des Gardes , un état des pauvres Maitres , Fils de Maitres & Aprentifs jurez qui defireront travailler chez les autres Maitres : lequel Etat fera mis en évidence dans le Bureau de la Communauté , & eft enjoint aux Gardes de veil-
ler très-exactement à l'obfervation du prefent Article , & d'a-
peller les contrevenants à la Police , pour les faire condamner à l'Amende au cas apartenant.

ARTICLE XIX.

Pour faciliter l'achat du Suif qui fert à la compofition de
la Chandelle : il fera fait deffenfes aux Bouchers de la Vil-

le de Rouen, de s'affairer avec qui que ce soit, même de
se le vendre les uns aux autres, afin d'en priver les Chandeliers ; mais seront tenus lesdits Bouchers, exposer leur
Suif en vente sur leurs Etaux, ou dans un des Marchez publics : & au dernier cas, tenus d'avertir les Gardes Chandeliers, trois jours avant que de l'exposer en vente dans
lesdits Marchez, à peine de cinquante livres d'Amende &
de confiscation des Suifs, conformément aux Sentences de
la Vicomté de Rouen des six Juin mil six cens trente-trois,
& dix-sept Janvier mil six cens quarante-six.

ARTICLE XX.

Sera fait très-expresses défenses aux Bouchers, d'envelo-
per dans leur Suif de Mouton, soit du Lard, soit d'autres
mauvaises Graisses, qui ne peuvent entrer dans la composition de la Chandelle, comme aussi de vendre ni exposer en
vente le Suif de Mouton autrement qu'en branche, comme
il se pratique pour le Suif de Beuf, à peine de confiscation
& de cinquante livres d'Amende.

ARTICLE XXI.

Sera pareillement défendu aux Bouchers, de vendre leur
Suif dans leurs Maisons aux Marchands Forains, & défendu
pareillement aux Marchands Forains d'en acheter chez les
Bouchers, ni d'entrer au Marché avant dix heures du matin,
à peine de cinquante livres d'Amende, tant contre les Bouchers que contre les Forains.

ARTICLE XXII.

Sera pareillement fait défenses aux Bouchers de vendre
leurs Suifs en détail, & de les faire passer aux Etrangers
directement ni indirectement, au préjudice des Chandeliers ;
& afin de découvrir les malversations que les Bouchers pourroient faire dans le Commerce des Suifs, il sera permis aux
Gardes Chandeliers de faire des Visites en leurs Boutiques &
Maisons, conformément à la Sentence de la Vicomté de

Roüen du dix-fept Janvier mil fix cens quarante-fix.

ARTICLE XXIII.

Sera auffi deffendu à tous Marchands Forains, Meffagers, Voituriers, & autres qui aportent des Suifs en la Ville de Rouen, de les vendre ailleurs que dans les Marchez publics, à peine de confifcation & de dix livres d'Amende, & que les Suifs feront mis dans des panniers, & ne pourront être livrez aux acheteurs, qu'ils n'ayent été marquez & vifitez par les Gardes Chandeliers, à l'effet dequoi feront tenus les Marchands Forains, Meffagers, Voituriers & autres, d'avertir lefdits Gardes, fur les peines portées par le prefent Article.

ARTICLE XXIV.

Tous Marchands Commiffionnaires & autres qui font venir par Batteau des Suifs des Pays Etangers ou autres lieux, en la Ville de Rouen, feront tenus de les laiffer pofer vingt-quatre heures fur les Quais, & deffenfes leur feront faites de les faire enlever qu'ils n'ayent été vifitez & marquez par les Gardes Chandeliers, à peine de confifcation & d'Amende; aux termes de l'Arreft du Parlement du 8. May mil fix cens quarante-fept.

ARTICLE XXV.

Les Suifs d'Hollande, apellez Suifs de Marque, porteront fur chaque Baril la marque ordinaire du lieu d'où ils proviennent, conformément aux Edits & Déclarations du Roi: & ce, pour éviter la fraude qui s'y commet en les déguifant, & s'il s'en trouve en la poffeffion d'aucuns Marchands ou Commiffionnaires qui foient déguifez, les Gardes Chandeliers pourront les faifir, & ajourner les contrevenants devant le Lieutenant Général de Police, pour en voir juger la confifcation avec Amende, fuivant l'Arreft du Parlement de Rouen, du huit Aouft mil fix cens foixante & neuf.

ARTI.

ARTICLE XXVI.

Sera fait défenses à tous Marchands de la Ville de Rouen, ou autres personnes, d'acheter & revendre en détail, directement ni indirectement, aucunes Marchandises de Beurre salé, ni de Suif, à peine de confiscation, & de cent livres d'Amende, conformément aux Sentences du Bailliage de Rouen, & aux Arrests du Parlement des vingt-trois Février & sept Juillet mil six cens trente-deux, neuf Juillet mil six cens soixante & trois, & dix-neuf Aoust mil six cens soixante & quatre : avec pareilles deffenses à tous Courtiers, d'acheter lesdites Marchandises aux Marchez, pour les faire passer hors la Ville, à moins que les Chandeliers de ladite Ville n'en soient suffisamment fournis, pour la provision de ladite Ville, à peine de confiscation & d'Amende comme dessus, conformément à l'Arrest du Parlement, du vingt-six Octobre mil six cens quarante : pourront néanmoins les Epiciers-Droguistes, vendre le Suif pour la composition des Remédes seulement.

ARTICLE XXVII.

Sera permis aux Chandeliers de vendre le Vinaige à petite mesure, & en n'excédant pas la chopine, sans toute fois qu'il leur soit permis de le composer, & feront tenus de l'acheter des Vinaigriers ou Marchands Forains : pourront aussi vendre l'Huile à brûler, autre néanmoins que l'Huile d'Olive, Verjus, Chercendre, Sablon à écurer, Craye broyée & en Pain, même des Fagots, Bourées & autres Bois à brûler, Fromages du Pays & d'Hollande, ainsi que toutes sortes de Poterie & Grez, conformément à l'usage & à la Sentence du Bailliage de Rouen, du douze Février mil cinq cens soixante & douze, le Jugement de la Police Générale de mil cinq cens quatre-vingt-dix-neuf, & Arrests du Parlement de mil six cens quatorze & mil six cens vingt & un.

I i

ARTICLE XXVIII.

Sera permis aux Marchands Chandeliers d'acheter du Bois dans les Parcs & Ventes des Forefts hors la Vicomté de Roüen, & autres lieux dont l'ufage eft deftiné pour les commoditez de la Ville, & de l'y faire aporter pour leur provifion & ufage de leur Profeffion, conformément à l'Arreft du Parlement du deux Juillet mil fix cens quinze.

ARTICLE XXIX.

Pourront les Marchands Chandeliers vendre, tant en gros qu'en détail, le Sain & le vieil Oing, concurremment néanmoins avec les Epiciers & les Bouchers.

ARTICLE XXX.

Chaque Marchand Chandelier ne pourra avoir dans fa Boutique que deux Balances, dont l'une fervira à pefer la Chandelle, & l'autre à pefer le Beure, qui feront fur deux Tables differentes, fuivant l'Arreft du Parlement de Rouen du quatorze Aouft mil fix cens vingt-cinq.

ARTICLE XXXI.

Les Gardes Chandeliers pouront vifiter les Poids & Balances des Maitres de leur Communauté, & lorfqu'ils en trouveront de vicieux, les faifiront, & ajourneront les contrevenans par-devant le Lieutenant Général de Police, pour en voir juger la confifcation, & être condamnez aux peines pörtées par les anciens Réglemens, & notamment par la Sentence du douze May mil fix cens foixante & fept.

ARTICLE XXXII.

A l'égard des Marchandifes, tant de Suif que de Beure, qui feront achetées dans la Ville de Roüen : elles feront partagées entre les Maitres Chandeliers, lorfqu'ils fe trouveront au poids de ladite Marchandife, fuivant l'ufage ordinaire.

ARTICLE XXXIII.

Sera permis aux Marchands Chandeliers d'acheter aux
Halles de la Ville de Roüen , toutes fortes de menuës Graines & Grénailles , & pour en faire la revente à petite mefure
feulement , fuivant l'ufage pratiqué jufqu'à ce jour.

ARTICLE XXXIV.

Le nombre des Revendeurs & Revendereffes demeurera
comme par le paffé , fixé à deux cens , & ne pourra excéder
ce nombre dans la ville , Fauxbourgs & Banlieuë de Roüen :
lefquels feront exclus de faire la revente d'aucuns Beures &
Avoines , fuivant les Arrefts du Parlement des dix Février
mil fix cens foixante & dix , & vingt-fix Avril mil fept
cens un.

ARTICLE XXXV.

Sera pareillement défendu à toutes perfonnes qui ont Art
& Métier fuffifant , pour fubvenir à leur nourriture & entretient , de s'immiffer directement & indirectement , à faire
aucune Revente de menuës Denrées , & que nul ne pourra
faire ledit Métier de Revendeur & Revendereffe , fans en avoir
un Brevet des Juges de Police , lequel ne pourra être délivré,
fans y avoir préalablement apelé les Gardes Chandeliers , pour
y aporter telles conteftations qu'ils aviferont , conformément à
l'Arreft du Parlement du vingt-fix Avril mil fept cens un ,
à peine de nullité defdits Brevets.

ARTICLE XXXVI.

Tout ce qui a été dit & réglé par les prefens Statuts pour
les Marchands Chandeliers de la Ville , Fauxbourgs & Banlieuë de Rouen , aura également lieu pour les Veuves , lefquelles continuëront de faire le Commerce de leurs maris.

ARTICLE XXXVII.

Les prefens Statuts feront exécutez felon leur forme & teneur , & les contrevenans feront affignez à la requête des Gardes pardevant le Lieutenant Général de Police , pour être condamnez aux peines portées par iceux , avec injonction aux Gardes de tenir exactement la main à l'exécution de chaque Article : à peine de déftitution de leurs fonctions, fans efpérance d'y pouvoir rentrer à l'avenir , & de fuporter en leurs propres & privez noms , les peines de la contravention qu'ils auroient négligé de pourfuivre en Juftice.

AUJOURD'HUI vingt-troifiéme jour d'Aouft mil fept cens trente-huit en la Ville de Roüen, les Marchands, Chandeliers de ladite Ville , Fauxbourgs & Banlieuë de Rouen, affemblez dans la Salle de leur Communauté , aprés avoir entendu la lecture qui leur a été faite des Statuts & Réglemens ci deffus , & des autres parts écrits & contenus en trentefept Articles , ont unanimement déclaré qu'ils fe foumettent, tant pour eux que pour leurs fucceffeurs en ladite Communauté , à l'exécution defdits Statuts & Réglemens , & ont promis de les garder & obferver fuivant leur forme & teneur, & fous les peines y portées. Fait en ladite Ville de Roüen, les jour & an que deffus , & ont figné.

Eftienne Molé , Guillaume Blanchard , Nicolas Rogeré , Pierre Querray , le Flament , Noël Déporte, Jean Guifier, Pierre le Nouvel , Pierre Milton , Samfon Anteaume , Pierre Doudet , Nicolas Renault , Jacques Goupil, Jacques Soulage, Tardif , Nicolas Dubuiffon , Robert Marc , Jean Martin , P. Hullard , Nicolas James , Jean - Baptifte le Prevoft Pere , Pierre Boudin , B. Guillaume , J. Rouffel, Duteurtre , Jean-Thomas Pain , Romain le Rat , N. Glot , J. Déloge , F. le Prevoft , J. Trugard.

Lefdits Statuts ont été regiftrés és Regiftres de la Cour, pour être exécutés felon leur forme & teneur , aux modifications portés par l'Arreft de la Cour du quatorze Juillet dernier. A Roüen en Parlement , la Grand'Chambre affemblée ,

blée, le vingt-un Aouſt mil ſept cens quarante-cinq.

Signé, *AUZANET.*

Les preſens Statuts regiſtrés és Regiſtres du Greffe de la Police de Roüen, pour être exécutés ſelon ſa forme & teneur, en exécution de la Sentence du Siége de Police de ce jour 26 Aouſt 1745.

Signé, *ORMIERE.*

K k

LETTRES PATENTES

DE CONFIRMATION
DESDITS STATUTS,

DONNÉES PAR LOUIS XV.

A Paris le 29 Aouſt 1738.

LOUIS, PAR LA GRACE DE DIEU, ROY DE FRANCE ET DE NAVARRE : A tous ceux preſens & à venir, SALUT. Nos bien Amez les Marchands Chandeliers de la Ville , Fauxbourgs & Banlieuë de Roüen : Nous ont fait repreſenter que pour établir entre eux le bon ordre & la police néceſſaire , ils ont dreſſé des Statuts & Réglemens contenus en trente-ſept Articles, à l'obſervation deſquels ils ſe ſont ſoumis par Acte du vingt-trois des preſens mois & an ; & dont l'exécution , en procurant à leur Communauté l'avantage & le bien particulier qu'elle y recherche ; feroit d'ailleurs trouver au Public l'utilité qu'on peut attendre , s'il Nous plaiſoit confirmer leſdits Statuts & Réglemens, & accorder à cet effet nos Lettres néceſſaires. A CES CAUSES, voulant favorablement traiter les Expoſans , & contribuer autant qu'il eſt en Nous à leur faciliter les moyens d'établir dans leur Communauté l'ordre & la police, qui puiſſent leur faire trouver l'utilité que nous voulons leur procurer , avec la liberté de s'y maintenir : Nous leur avons permis & accordé ; & de notre grace ſpéciale , pleine puiſſance & autorité Royale , permettons & accordons par ces Prefentes fignées de notre main , d'établir & de former entr'eux un Corps & Communauté de Maitres Marchands Chandeliers de la Ville , Fauxbourgs & Banlieuë de Rouen , de nommer & élire des Gardes de l'expérience & de la probité requifes pour le fervice & la confervation des Droits de ladite Communauté ; lefquels , après le ferment par eux prêté en la maniere accoutumée , feront les Vifites & autres fonctions néceffaires , & tiendront la main à l'exécu-tion defdits Statuts & Réglemens contenus en trente-fept Articles ; & ci-attachez fous le Contre-fcel de notre Chancel-lerie : lefquels Statuts & Réglemens Nous avons des mêmes grace , pouvoir & autorité que deffus aprouvez , confirmez & autorifez , aprouvons , confirmons & autorifons , par cef-dites Prefentes : Voulons & nous plait qu'ils foient gardez obfervez & exécutez felon leur forme & teneur par lefdits Expofans , leurs Succeffeurs & tous autres , fans qu'il y foit en aucune façon contrevenu , pourvû toutefois qu'en iceux il n'y ait rien de contraire à nos Ordonnances , ni de pré-judiciable à nos Droits & à ceux d'autrui. SI DONNONS EN MANDEMENT à nos amez & feaux Confeillers , les Gens tenans notre Cour de Parlement de Rouen , au Bailly de Rouen ou fon Lieutenant Genéral de Police , & autres nos Officiers & Jufticiers qu'il apartiéndra , que ces Prefentes ils ayent à faire regiftrer , & de leur contenu joüir & ufer lefdits Expofans & leurs Succeffeurs pleinement , paifi-blement & perpétuellement, ceffant & faiffant ceffer tous trou-bles & empêchemens contraires : CAR TEL EST NOSTRE PLAISIR. Et afin que ce foit chofe ferme & ftable à toû-jours , Nous avons fait mettre notre Scel à cefdites Prefentes. DONNE' à Paris le vingt-neuf au mois d'Aouft , l'An de Grace mil fept cens trente-huit : Et de notre Régne le vingt-troifiéme. *Et fur le repli eft écrit* : Vifa , DAGUESSEAU. *Et à côté eft écrit* : Par le Roi. *Signé* , AMELOT.

Lefdites Lettres ont été regiftrées ès Regiftres de la Cour , pour étre exécutées felon leur forme & teneur , &

joüir par les Impétrans de l'effet & contenu d'icelles , aux modifications portées par l'Arrest de la Cour du quatorze de Juillet dernier. A Rouen en Parlement , la Grand'Chambre assemblée le 21 Aoust 1745. Signé , *AUZANET.*

Les presentes Lettres Patentes registrées ès Registres du Greffe de la Police de Rouen , pour être exécutées selon leur forme & teneur , en exécution de la Sentence du Siége de Police de Rouen de ce jour 26 Aoust 1745.

Signé , *ORMIERE.*

ARREST

ARREST
DE LA COUR DE PARLEMENT
DE ROUEN,

RENDU fur la Vérification defdits Statuts & Lettres Patentes, entre lefdits Marchands Chandeliers, les Apoticaires - Droguiftes - Ciriers-Epiciers, les Marchands de Grains, les Vinaigriers & les Bouchers, Opofans à l'Enregiftrement.

DU 14 JUILLET 1745.

LOUIS, PAR LA GRACE DE DIEU, ROY DE FRANCE ET DE NAVARRE : A tous ceux qui ces prefentes Lettres verront : SALUT. Sçavoir faifons, que cejourd'hui la Caufe dévolute en notre Cour de Parlement de Roüen : Entre les Maîtres & Gardes de la Communauté des Marchands Chandeliers de la Ville, Fauxbourgs & Banlicuë de Roüen, Demandeurs en Requête du vingt-uniéme jour d'Avril 1739. pour faire ordonner que les Nouveaux Statuts & Lettres Patentes qu'ils ont obtenus de nous le vingt-neuviéme jour d'Aouft 1738. feront regiftrés ès Regiftres de notre Cour, pour par eux jouïr de l'effet d'iceux,

I

Défendeurs des Opofitions formées à l'Enregiftrement d'iceux par les Parties ci-après nommées. Et encore lefdits Maitres & Gardes Chandeliers , Opofans aux Statuts des Maitres Vinaigriers, & à l'Arreft d'Enregiftrement d'iceux du deuxiéme jour de Décembre 1695 , entant qu'ils portent le droit de vendre de la Chercendre , exclufif des Chandeliers de vendre en détail le Verjus & Vinaigre ; & encore Opofans entant que befoin aux Statuts des Marchands de Grains , & à l'Arreft d'Omologation d'iceux du cinquiéme jour de May 1732. Et encore Opofans entant que befoin aux nouveaux Statuts des Maitres · Apoticaires-Droguiftes-Epiciers de Roüen , de l'année 1740. & à l'Arreft d'Enregiftrement d'iceux du dix-huitiéme jour d'Avril 1742. d'une part. Les Maitres & Gardes des Marchands Apoticaires-Droguiftes-Epiciers-Ciriers & Confifeurs de la Ville , Fauxbourgs & Banlieue de Roüen , Opofans audit Enregiftrement , & Défendeurs de l'opofition formée par lefdits Maitres Chandeliers à leurs nouveaux Statuts , & à l'Arreft d'Enregiftrement qui a été fait d'iceux , d'autre. Les Sindics , Maitres & Gardes de la Communauté des Marchands de Grains à Roüen , Opofants audit Enregiftrement , & Défendeurs de l'opofition formée par lefdits Maitres Chandeliers à leurs Statuts & à l'Arreft d'Enregiftrement d'iceux , d'autre. Les Maitres & Gardes des quatre anciennes Boucheries , de celles du Vieux Marché & Beauvoifine à Roüen , reçûës Parties intervenantes & opofantes audit Enregiftrement : entant que les Articles XIX , XX , XXI. & XXII. d'autre part. Les Maitres & Gardes Vinaigriers de la Ville, Fauxbourgs & Banlieuë de Roüen , reçûës Parties intervenantes , pareillement Opofans à l'Enregiftrement defdits Statuts , & Défendeurs de l'Opofition à leurs Statuts , & à l'Arreft d'Enregiftrement d'iceux, d'autre part. V U PAR NOTRE COUR , l'Arreft rendu le dixiéme jour de Juillet 1739. entre lefdits Maitres & Gardes Chandeliers , les Maitres & Gardes Apoticaires-Droguiftes , & les Sindics , Maitres & Gardes Marchands de Grains , par lequel notre Cour : Oüi notre Procureur Général du confente-

ment des Parties ; les a apointées en droit fur la Requêt
defdits Maitres Chandeliers , & fur les Opofitions defdits
Maitres Apoticaires , & Marchands de Grains , pour être
le Procès jugé en la Grand'Chambre , fignifié de Procureur
à Pocureur , le 14 dudit mois , avec Déclaration que l'on
entend faire mettre le Procès en diftribution , avec Sommation de donner des fufpeĉts. Autre Arreft de notre Cour
du quatorziéme jour d'Avril 1741. par lequel notre Cour ,
Parties oüies , & notre Procureur Général à reçû lefdits
Maitres & Gardes Bouchers Parties intervenantes : ce faifant , a ordonné que les Maitres & Gardes Chandeliers ,
feront tenus de communiquer auxdits Maitres & Gardes
Bouchers , leurs Statuts & Piéces y énoncées : a déclaré l'Arreft d'apointé rendu entre lefdits Maitres & Gardes Chan-
deliers-Apoticaires , Marchands de Grains , commun avec lefdits Maitres & Gardes Bouchers , fignifié de Procureur à
Procureur , le feiziéme jour de Juin 1744. Autre Arreft de
notre Cour du vingt-uniéme jour d'Avril 1741. par lequel
notre Cour , oüi notre Procureur Général , du confentement
des Parties : a reçu lefdits Maitres & Gardes Vinaigriers ,
Parties intervenantes : ce faifant , ordonné que les Maitres
Chandeliers , communiqueront auxdits Maitres Vinaigriers
leurs Statuts & Piéces : & a déclaré l'Arreft d'apointé
commun avec lefdits Maitres Vinaigriers ; fignifié de Procureur
à Procureur , le treiziéme jour de Juillet 1743. Autre Arreft de notre Cour du neuviéme jour de Février 1742. par
lequel notre Cour , oüi notre Procureur Général , du confentement des Parties , fur l'opofition defdits Maitres & Gardes Chandeliers , aux Statuts des Vinaigriers ; & à l'Arreft
d'Enregiftrement d'iceux , les a apointez en droit & indivis
au Procès principal apointé & diftribué au Raport du Sieur
le Boulenger : pour être fait droit fur le tout par un feul
& même Arreft , fignifié de Procureur à Procureur le douziéme jour de Février 1742. Autre Arreft de notre Cour du
vingt-feptiéme jour de Juillet 1742. par lequel notre Cour ,
oüi notre Procureur Général , fur la demande en opofitio

defdits Maitres & Gardes Chandeliers , aux Statuts des
Marchands de Grains ; & à l'Arreſt d'Omologation d'iceux ,
a apointé les Parties en droit , & joint au Procès pendant
au Raport du Sieur le Boulenger , ſans préjudice des fins de
non-recevoir defdits Maitres & Gardes Marchands de Grains :
défenſes au contraire. Autre Arreſt de notre Cour du premier
jour de Juillet 1745. par lequel notre Cour , Parties ouïes &
notre Procureur Général , ſur l'opoſition defdits Maitres &
Gardes Chandeliers , aux nouveaux Statuts des Marchands
Apoticaires-Droguiſtes-Epiciers-Ciriers ; & à l'Arreſt d'Enregiſtrement d'iceux , a apointé les Parties en droit ; & joint
au Procès principal , pendant au Raport du Sieur le Boulenger : pour être fait droit ſur le tout par un ſeul & même
Arreſt , ſans préjudice des fins de non recevoir defdits Marchands de Grains : défenſes au contraire , & a accordé Acte
aux Parties de ce que pour moyens d'opoſition , défenſes ,
Ecritures & Productions , en vertu du preſent Arreſt ; elles
employent tout ce qu'elles ont dit , écrit & produit audit
Procès , ſignifié de Procureur à Procureur , le deuxiéme jour
dudit mois de Juillet. Vû auſſi les Piéces qui ont été cloſes
par leſdites Parties , en exécution defdits Arreſts ; ſçavoir ,
Production defdits Maitres & Gardes Chandeliers de leurs
Statuts arrêtez entr'eux , au nombre de trente-ſept Articles ,
du vingt-troiſiéme jour d'Aouſt 1738. Lettres Patentes par
eux obtenuës de nous le 29 dudit mois , de confirmation de
leurs Statuts : ſigné ſur le repli , Par le Roi , Amelot , &
Viſa Dagueſſeau ; & ſcellées en lacs de ſoye d'un Sceau de
Cire Verte : Requète preſentée en notre Cour par leſdits
Maitres & Gardes Chandeliers , le vingt & uniéme jour d'A-
vril 1739. tendante à ce qu'il plût à notre Cour , ordonner
que leſdits Statuts & Lettres Patentes de Confirmation ſeront omologuez & regiſtrez au Greffe de notre Cour , pour
être exécutez ſelon leur forme & teneur , ſouſcrite d'Ordonnance , ſoient la preſente & les Statuts y mentionnez , ſigni-
fiez à Boüillot , Procureur des Apoticaires de Rouen ; & à
le François , Procureur des Sindics & Communauté des Marchands

thands de Grains, opofans aufdits Statuts , fignifiez le 24.
dudit mois , avec Copie defdites Lettres Patentes , & Statuts aufdits Maitres Bouillot & le François Procureurs : acte
de Prefentation mife au Greffe de notre Cour par lefdits Maitres & Gardes Chandeliers ledit jour ; Copie de moyens d'o-
pofition defdits Maitres Apoticaires , fignifiée le treiziéme
jour de May audit an. Ecrit de Réponfe fourni par lefdits
Maitres & Gardes Chandeliers , fignifié le vingt-feptiéme jour
de Juin audit an : par lequel ils ont conclu , à ce qu'il plût
en notre Cour , débouter lefdits Apoticaires-Epiciers-Ciriers
de leur opofition : & ordonner que lefdits Statuts & Lettres Patentes de Confirmation feront omologuez & enregiftrez , pour être exécutez felon leur forme & teneur ; & condamner la Communauté des Epiciers aux dépens de leur
opofition ; Mémoires imprimez , fournis en notre Cour par
les Maitres & Gardes Chandeliers , fignifiez les 20 Septembre 1740, & 17 Aouft 1743. Lettres Patentes de Charles
IX. l'un de nos Prédeceffeurs Rois , obtenuës par lefdits
Maitres & Gardes du métier de Chandelier , portant confirmation de leurs Statuts de l'année 1291. données à Paris
au mois de May 1403, regiftrées au Siége de la Vicomté
de Rouen , le cinquiéme jour de Janvier 1454. Sentence
renduë au Siége du Bailliage de Rouen , le douziéme jour
de Février 1572. qui permet aux Chandeliers de vendre &
diftribuer pour la fubvention du Peuple , outre la Chandelle : de l'Huile à brûler , Sain , Vieil Oing , Chercedre ,
Verjus , Vinaigre , Sablon à écurer , Craye broyée & en
pain , même des Fagots , Bourées & autres bois à brûler ,
ainfi qu'eux & leurs Prédeceffeurs Maitres dudit métier ont
fait ci-devant. Copie collationnée de Jugement rendu par
les Commiffaires par nous députez fur le fait de la Police ,
à Rouen le cinquiéme jour de Mars 1599. par laquelle il
eft permis aux Chandeliers de vendre & diftribüer pour la
fubvention du Peuple , de l'Huile à brûler, Sain , Vieil Oing ,
Chercendre , Verjus , Vinaigre , Sablon à écurer , Craye
broyée & en Pain , même des Fagots , Bourées & autres

M m

Bois à brûler, Foin & Avoines : Copie de Sentence renduë en Bailliage à Rouen, le cinquiéme jour d'Octobre 1600, entre les Gardes Apoticaires-Ciriers-Épiciers & lefdits Gardes Chandeliers ; qui permet aufdits Apoticaires & Chandeliers de vendre indéfiniment les fortes de Denrées décordables, comme l'Huile d'Olive, Rabette & autres Huiles, fors & réfervé l'Huile de Poiffon : Copie d'Arreft de notre Cour du onziéme jour de May 1701. qui fait entr'autres chofes défenfes aux Maitres Chandeliers, de vendre en gros & en détail de l'Huile d'Olive, ni Savon. Lettres Patentes d'Henry IV. du mois de Septembre 1603. obtenuës par les Maitres & Gardes Chandeliers, portant confirmation & aprobation de leurs Lettres de Chartres. Autres Lettres Patentes de Loüis XIII. obtenuës par lefdits Maitres & Gardes Chandeliers, le fixiéme jour de Mars 1622. portant confirmation de leurs Chartres de 1403. & de 1603. Copie de Requête d'Opofition des Marchands de Grains du quinziéme jour de May 1739. Ecrit de Réponfe fourni par lefdits Maitres & Gardes Chandeliers, fignifié le dix-fepetiéme jour de Juin audit an, par lequel ils ont conclu ; à ce qu'il plût à notre Cour, fans avoir égard à l'opofition des Marchands de Grains, dont ils feront déboutez, ordonner que lefdits Statuts & Lettres Patentes de confirmation, feront omologuez & enregiftrez, pour être exécutez felon leur forme & teneur ; & condamner les Opofans aux dépens. Requête prefentée en notre Cour le premier jour d'Aouft 1740. par lefdits Maitres & Gardes Chandeliers, pour valoir de réponfe à celle des Marchands de Grains du 19 Janvier 1740. & leur accorder les Conclufions par eux prifes en icelle, lefquelles font celles employées dans leur Ecrit du dix-feptiéme jour de Juin, foufcrite d'Ordonnance, foit fignifiée à Parties, fignifiée ledit jour. Autre Requête prefentée en notre Cour le 23 Juillet 1742. par lefdits Maitres & Gardes Chandeliers ; tendante à ce qu'il plût à notre Cour, les recevoir entant que befoin, Opofans aux Statuts des Marchachands de Grains, & à l'Arreft d'omologation du cinquiéme jour de Mai 1732. entant qu'on en veut induire une interdiction aufdits Chandeliers , de vendre à petites mefures les menus Grains & Graines , fuivant l'ufage pratiqué jufqu'à ce jour ; faifant droit fur leur opofition , & expliquant entant que befoin ledit Arreft , maintenir & garder la Communauté des Marchands Chandeliers dans le droit de vendre les Pois , Féves, Avoines , & autres menuës Graines à la petite mefure , conformément aux Arrefts de 1680 , 1683. 1708. & fuivant l'ufage pratiqué jufqu'à ce jour ; accorder au furplus aufdits Maitres Chandeliers les Conclufions prifes par leurs Ecritures avec dépens ; & pour être fait droit fur ladite Opofition , apointer en droit , & joindre à l'Inftance principale apointée & diftribuée au Sr le Boulenger , pour être fait droit par un feul & même Arreft : ladite Requéte foufcrite d'Ordonnance , viennent les Parties , fignifiée ledit jour : Ecrit de folution fourni par lefdits Maitres Chandeliers , contre la Communauté des Marchands de Grains , fignifié le dix-feptiéme jour d'Aouft 1743. Sentence renduë au Siége de Bailliage de Rouen , le dix-feptiéme jour de Juillet 1677. entre la Communauté des Mefureurs de Grains , les Maitres & Gardes Chandeliers , & la Communauté des Marchands d'Avoines : par laquelle entr'autres chofes il eft permis aufdits Maitres Chandeliers de vendre de l'Avoine à petite mefure , fuivant & conformément aux anciens Réglemens & Arrefts de notre Cour du vingt-neuviéme jour de Janvier 1680. portant confirmation de ladite Sentence ci-deffus , fur l'Apel que les Marchands de menus Grains en avoient interjetté : Information faite audit Siége de Bailliage de Rouen , le huitiéme jour de Juin 1680. requête defdits Maitres Chandeliers ; Sentence renduë audit Siége de Bailliage de Rouen , le 16 Janvier 1681. entre les Maitres & Gardes Chandeliers, & les Marchands de menus Grains , par laquelle lefdits Chandeliers font maintenus à vendre & diftribuer en détail toutes fortes de menus Grains , parce qu'ils auront des mefures étalonnées , autres que celles pour la vente & diftribution des Avoines. Arreft de notre Cour du

vingt-quatriéme Novembre 1683. rendu entre lefdits Marchands de menus Grains Apelans de ladite Sentence ci-deffus,
les Maitres & Gardes Chandeliers, & les Maires & Echevins de la Ville de Rouen, Parties intervenantes : par lequel notre Cour, fans avoir égard à ladite intervention, a
mis l'apellation au néant, parce que les Chandeliers ne pouront avoir chez eux que deux Mines de chacune efpéce de
menus Grains ; Copie d'Ecrit fourni au Siége de Bailliage de
Rouen le 30 de Mars 1705. requête des Marchands de Grains.
Etat fourni audit Siége de Bailliage de Rouen par les Maitres & Gardes Chandeliers, fignifié le vingt-huitiéme jour
d'Avril audit an. Copie de Requête prefentée audit Siége de
Bailliage de Rouen, le douziéme jour de May audit an, par
lefdits Marchands de Grains. Requête prefentée audit Siege
de Bailliage de Rouen, le feiziéme jour de Juin audit an,
par les Maitres & Gardes Chandeliers : Copie d'Ecrit des
Marchands de Grains du quatrieme jour de Juillet audit an.
Ecrit de folution du dix-neuf Octobre audit an, requête defdits Maitres & Gardes Chandeliers. Autre Ecrit à leur requête du dix-huitiéme jour de May 1706. Sentence renduë au
Siége de la Police de Rouen, le vingtuniéme jour de Juillet
audit an, entre les Syndics de la Communauté des Marchands de Grains, & les Maitres & Gardes Chandeliers ;
qui fur les Aprochemens qui avoient été faits, envoye les
Parties hors de Cour : ordonné qu'il en fera ufé comme par
le paffé ; enjoint à l'un & à l'autre defdites Communautez,
d'obferver les Réglemens. Copie d'Ecrit de Griefs fourni en
notre Cour par lefdits Marchands de Grains, Apelans de ladite Sentence ci-deffus fignifiée le premier jour de Juin 1707.
Ecrit de Réponfe à Griefs fourni en notre Cour par lefdits
Maitres Chandeliers, fignifié le cinquiéme jour de Juillet
audit an. Ecrit de contredits à leur requête fignifié le neuviéme jour d'Aouft audit an. Factum imprimé à leur requête, fignifié le cinquiéme jour de Mars 1708. Arreft de notre
Cour du 10 Mars audit an, qui met l'apellation au néant
avec dépens. Requête prefentée en notre Cour le treiziéme
jour

jour de Décembre 1740. par lefdits Maitres & Gardes Chandeliers : tendante à ce qu'il plût à notre Cour recevoir au Jugement du Procès les Piéces ci-deffus , aux fins de leur être accordé leurs Conclufions contre lefdits Marchands de Grains , foufcrite d'Ordonnance , foit la Requête & Pièces communiquées à Parties, pour y fournir de contredits dans le tems de l'Ordonnance , fignifiée ledit jour, avec fommation de prendre communication de ladite Requête & Piéces. Sentence renduë au Siége de la Vicomté de Rouen le cinquiéme jour de Novembre 1529. entre les Maitres & Gardes Chandeliers de la Ville de Rouen : en conféquence de Saifies & Aprochemens par eux requis fur Jean Cain , Boucher : par laquelle entr'autres chofes il eft dit ; à bonne caufe ledit Aprochement , & ledit Cain condamné à foixante fols d'Amende , & aux dépens. Arreft de notre Cour du treiziéme jour de Janvier 1530. entre les Maitres & Gardes Chandeliers & Jean Cain Boucher , qui étoit apelant de Sentence renduë au Bailliage de Rouen , le premier jour de Février 1529. par lequel il eft dit : que fans Griefs ledit Cain avoir apelé , condamné à l'amende & aux dépens ; fur les faits refpectivement articulez par les Parties , ordonné qu'ils en feront preuve & vérification ; & icelle faite , communiqué au Procureur Général & Procureur des Manans & Habitans de la Ville , fera fait droit ainfi qu'il apartiendra. Sentence renduë au Siége de la Vicomté de Rouen le dix-huitiéme jour de Juillet 1531. entre les Maitres & Gardes Chandeliers & Baltazar Martin Boucher ; qui ordonne que le Suif fera fondu prefence des Chandeliers : que ledit Martin aura communication de leurs Titres , & pour en venir : Autre Sentence renduë audit Siége de Vicomté de Rouen , le vingt-cinquiéme jour de Septembre 1532. entre lefdits Chandeliers & Zacharie Guerard Maitre Boucher ; par laquelle ledit Guerard a été mis en amende & condamné aux dépens. Autre Sentence renduë audit Siége de Vicomté de Rouen , le feptiéme jour de Septembre 1568. entre les Maitres & Gardes Chandeliers , Demandeurs en Aprochement fur Adrien Pinard ; par

N n

laquelle il eft dit ; à bonne caufe l'Aprochement ; & pour la faute par lui commife , condamné en l'amende. Sentence renduë au Siége de Bailliage de Rouen le dix-neuviéme jour d'Octobre 1571. fur l'Aprochemenr par lefdits Maitres & Gardes Chandeliers , de treize Lots de Suif de Creton , trouvez en la poffeffion de Michel Guerard Boucher , par lequel il eft dit ; à bonne caufe ledit Aprochement : ledit Guerard difpenfé de la forfaiture , & condamné en vingt fols d'amende ; & défenfes à lui faites & à tous autres Bouchers de la Ville & d'ailleurs , d'acheter aucuns Suifs des autres Bouchers. Autre Sentence renduë au Siége de la Vicomté de Rouen , le fixiéme jour de Juin 1633. fur l'Aprochement fait par les Maitres & Gardes Chandeliers , de cent foixante livres de Suif crû , trouvées en la Maifon où pend pour Enfeigne le Signot , Ruë Martainville , apartenant à Denis le Ber , Marchand Drapier au Pont-Saint-Pierre : en Caufe les Gardes Bouchers , par laquelle il eft dit ; à bonne caufe ledit Aprochement ; ordonné que le Suif aproché fera porté au marché à la diligence des Chandeliers. Autre Sentence renduë aud. Siége de la Vicomté de Rouen le 17 de Janvier 1646. fur l'Aprochement fait par les Maitres Chandeliers , de quinze Pains de Suif , trouvez fur une Brouette, apartenans à Jean le Dier , Boucher : en Caufe lefd. Me & Gardes Bouchers, par laquelle il eft dit; à bonne caufe l'Aprochement, & ordonné que les Bouchers feront tenus & obligez d'expofer & mettre en vente les Suifs qu'ils auront , foit crûs ou cuits , fans qu'ils en puiffent tenir en lieu caché. Autre Sentence renduë audit Siége de la Vicomté de Rouen , le treiziéme jour de Février 1649. entre les Maitres Chandeliers , fur l'Aprochement par eux fait de quatorze à quinze de Suif , qui avoit été vendu par Jean le Dier Boucher , à Michel Beautard Chandelier , par laquelle il eft dit; à bonne caufe ledit Aprochement : ledit le Dier condamné en dix livres d'amende , & aux dépens. Autre Sentence renduë audit Siége de la Vicomté de Rouen , le quinziéme jour d'Octobre 1652. fur un Aprochement fait par les Mai-

tres & Gardes dudit Métier de Chandelier ; de Suif apartenant à Jean le Roy Boucher , pour avoir vendu ledit Suif
à un Forain , hors les jours & heures accoûtumées , par laquelle il eſt dit ; à bonne cauſe ledit Aprochement : ledit
le Roy condamné en ſix livres d'amende & aux dépens ; le
Suif déclaré confiſqué. Autre Sentence rendue audit Siége
de Vicomté de Rouen , le ſixiéme jour de Février 1655. entre leſdits Maitres & Gardes Chandeliers , Guillaume Be-
noiſt , Marchand Forain , & Nicolas Verſon Boucher , par
laquelle il eſt dit ; à bonne cauſe ledit Aprochement , ledit
Verſon condamné en dix livres d'amende & aux dépens.
Ecrit fourni en notre Cour par leſdits Maitres & Gardes
Chandeliers , contre leſdits Maitres Bouchers , ſignifié le
20 de Mars 1741. Requête preſentée en notre Cour par
leſdits Maitres Chandeliers le onziéme jour de Janvier 1742.
contre leſdits Maitres & Gardes Bouchers , par laquelle ils
ont conclu ; à ce qu'il plût à notre Cour , débouter leſdits
Maitres & Gardes Bouchers de leur Opoſition ; ce faiſant ,
ordonner que leſdits Statuts feront omologuez & enregiſtrez , pour être exécutez ſelon leur forme & teneur ; & condamner leſdits Bouchers aux dépens , ſouſcrite d'Ordonnance , ait Acte , ſoit ſignifiée , ſignifiée ledit jour. Ecrit de
Solution , fourni en notre Cour par les Maitres & Gardes
Chandeliers , ſignifié le dix-ſeptiéme jour d'Aouſt 1743. Requête preſentée en notre Cour par leſdits Maitres & Gardes Chandeliers , le troiſiéme jour de Juillet 1745. contre
leſdits Maitres & Gardes Bouchers : tendante à ce qu'il plût
à notre Cour , recevoir au jugement du Procès les Piéces
énoncées & attachées à icelles , pour en jugeant y avoir
tel égard que de raiſon : ſouſcrite d'Ordonnance , ait Acte ,
ſoit la Requête & Piéces communiquées à Parties ſans retardation du Jugement du Procès : ſignifiées ledit jour , avec
Sommation de prendre communication de ladite Requête &
Piéces ; leſquelles Piéces ſont , Arreſt de notre Cour du
22 d'Aouſt 1624. ſur la Requête preſentée par les Maitres
& Gardes Chandeliers : aux fins de la Vérification & omologa-

tion des Statuts & de nos Lettres Patentes, portant confirmation d'iceux. Les Revendeurs & Revenderesses de menuës
Denrées, Vituailles en la Ville de Rouen, Opofans audit
Enregistrement & Vérification, & incidemment Apelans
les Maitres de l'Etat & Métier de Mercier-Groffier, en ladite Ville de Rouen, auffi Opofans & Apelans, & les
Maitresses & Gardes Rubannières & autres y dénommés,
par lequel entr'autres chofes il est dit, qu'avant de faire
droit fur l'opofition à la vente & diftribution du Beure
prétendu par lefdits Chandeliers, il fera informé de la
commodité ou incommodité de ladite vente, fuivant que
le tout eft au long mentionné audit Arreft ; Copie collationnée d'Arreft de notre Cour du vingt-quatriéme jour de
Juillet 1626. entre les Revendeurs & Revenderesses des
Vituailles & Denrées de la Ville de Rouen, & les Maitres & Gardes Chandeliers, fe difant Echopiers en ladite
Ville & Banlieuë de Rouen ; par lequel entr'autres chofes
il eft dit, que fuivant les précédens Réglemens & Arrefts, fur la réduction du nombre defdits Revendeurs, ave-
nant le décès de ceux qui font à prefent ladite Revente ;
leurs Veuves feules pouront continuer, & n'y feront reçûs leurs Enfans ni autres, qu'ils ne foient réduits à deux
cens. Procès Verbal exercé le vingt-cinquiéme jour de Juin
1627. devant le Sieur Huë Confeiller, en notre dite
Cour, Commiffaire à ce député par les Revendeurs de
Vituailles. Autre Procès Verbal & Liftes des noms & fur-
noms & dattes des Lettres defdits Revendeurs & Revendereffes tenant boutiques ouvertes dans la Ville & Fauxbourgs
de Rouen, pris par Nicolas le Cauchois, Sergent au Bailliage de Rouen, en conféquence de l'Ordonnance du Lieutenant Général audit Bailliage de Rouen en l'année 1665.
en la prefence des Maitres & Gardes Chandeliers de ladite Ville de Rouen. Autre Procès Verbal du nom & fur-
nom des Revendeurs & Revenderesses, dreffé par Loüis
Picquefeu Huiffier. Rquête de notre Procureur Général, à
la diligence defdits Maitres & Gardes Chandeliers, le feptiéme

me jour de Février 1670. entre Abraham Taillefesse, Jean le Maitre, Maitre Chandelier de Dernétal, les Maitres & Gardes Echopiers de la Ville de Rouen, les Maitres & Gardes Chandeliers de Rouen, & autres Parties; par lequel entr'autres chofes il eft fait défenfes aux Revendeurs & Revenderesses, de faire aucunes Reventes, ni par eux ni leurs femmes, des chofes dépendantes du Métier de Chandelier; & en conféquence, a réglé le nombre defdits Revendeurs & Revenderesses, tenans Boutiques & Etaux ouverts en la Ville à deux cens. Autre Arreft de notre Cour du dix-huitiéme jour de Juin 1678. entre Noël Mauger, demeurant à Dernétal, & les Maitres & Gardes Chandeliers, qui permet aufdits Chandeliers d'aprocher ceux ou celles qui font Reventes, qui ne font du nombre des réfervez. Autre Arreft de notre Cour du dix-huitiéme jour de Décembre 1673. qui ordonne que la Lifte du nombre de deux cens Revendeurs & Revenderesses, demeurera au Greffe pour être fuivie; & défenfes à tous autres qui ont été rejettez, d'exercer dudit nombre. Autre Arreft de notre Cour du vingt-cinquiéme jour de Juin 1685. qui fait défenfes aux Revendeurs & Revenderesses, de vendre du Foin, de l'Avoine & autres Grains. Autre Arreft de notre Cour du vingt-fixiéme jour d'Avril 1701. entre les Maitres & Gardes Chandeliers, Pierre Rouffel & Marie Rouffel fa Femme & autres, le Sr Lieutenant Général au Bailliage de Rouen, & le Sr Procureur du Roi audit Siége; par lequel entr'autres chofes, le nombre des Revendeurs & Revenderesses, tenans Boutiques ouvertes à deux cens, dans lequel nombre, ceux qui ont Arts & Métiers fuffifans pour leur nouriture & entretiént, ne feront admis à l'avenir; & condamne Jean Dumefnil & autres, de fermer leurs Boutiques. Autre Arreft de notre Cour du vingt-troifiéme jour de Juin 1702. entre les Maitres & Gardes Chandeliers, Pierre Baratte, Robert Bauquemare, & Marie Homo fa Femme, Revendeurs, qui déboute lefdits Baratte, Bauquemare & Homo de leur Opoſition qu'ils avoient formée aux Arreſts de notre Cour, & les condamne aux dépens. Arreſt de notre Cour du vingt-quatriéme jour de Janvier 1614. entre les Maitres & Gardes Chandeliers , & leſdits Maitres & Gardes Vinaigriers , ſur l'apel que leſdits Maitres & Gardes Chandeliers avoient interjetté de Sentence renduë en Bailliage à Rouen, le quatorziéme jour de Juin 1713. par lequel Arreſt entr'autres choſes , il eſt fait défenſes auſdits Chandeliers , de faire aucuns Vinaigres ; & cependant leur permet d'en vendre pour la commodité publique ; & afin en acheter , tant des Vinaigriers de cette Ville , que des Marchands Forains , à la charge de ſouffrir la Viſite des Maitres & Gardes Vinaigriers de cette Ville , que des Marchands Forains , à la charge de ſouffrir la Viſite des Maitres & Gardes Vinaigriers : Copie d'Arreſt du Conſeil privé du vingt-uniéme Octobre 1620. entre leſdits Vinaigriers & les Chandeliers de Rouen , par lequel nous avons , faiſant droit ſur l'Inſtance , renvoyé les Parties en notre Cour de Parlement de Rouen , pour y procéder entr'eux ſur leurs Procès & Différens , & leur être pourvû ſur le Réglement de leur Métier , ſuivant & conformément à leurs Statuts & Vérification d'iceux , & Arreſt dudit Parlement , ainſi qu'il apartiendra par raiſon , & condamner leſdits Gardes du Métier de Vinaigrier aux dépens. Copie collationnée d'Arreſt de notre Cour du dix-huitiéme jour de Mai 1621. entre Jacques Dupont Marchand à Paris , les Maitres & Gardes Vinaigriers , & les Maitres & Gardes Chandeliers , Parties intervenantes ; par lequel notre Cour , faiſant droit ſur l'Apel dudit Dupont , a mis & met l'apeliation & ce dont , émandant , ordonne que l'Arreſt de notre Cour , du vingt-quatriéme jour de Janvier ſeroit exécuté , & défenſes faites aux Chandeliers & autres d'y faire ni commettre aucunes fraudes : autre Copie collationnée d'Arreſt de notre Cour du quinziéme jour de Mars 1656. rendu entre les Gardes Vinaigriers , ayant requis la Saiſie de nombre de Bariques de Vinaigre , & de deux petits Barils , l'un de quinze à ſeize pots , & l'autre de ſix pots , trouvez aux maiſons de Nicolas

Simon & Pierre Godefroy, Maitres Chandeliers à Rouen ,
les Gardes Chandeliers en Caufe : par lequel lefdits Simon
& Godefroy , font condamnez en foixante fols d'amende envers le Roi , & permet aux Chandeliers d'acheter des Vinaigres defdits Maitres Vinaigriers , & d'autres Marchands Forains , pour iceux revendre à petite mefure feulement , jufques
& compris la chopine , faifant la moitié du pot , mefure de
Rouen , avec défenfes de faire aucuns Vinaigres. Sentence
renduë au Siége de Bailliage de Rouen , le neuviéme jour
de Mars 1701. entre les Maitres & Gardes Vinaigriers , Demandeurs en Saifie & Aprochement requis fur les nommez
Flament & Lamy Chandeliers , de chacun une chopine de
Vinaigre , les Gardes Chandeliers en Caufe , par laquelle il
eft dit ; vû les Arrefts des années 1614 , 1621. & 1656.
lefdits Lamy & Flament font déchargez des Aprochemens
fur eux faits , avec dépens à eux accordez ; & aux Gardes
Chandeliers contre ladite Communauté des Vinaigriers ; fignifiée le dernier jour dudit mois de Mars. Extrait de l'Article XXVII. des Statuts defdits Maitres Chandeliers ; portant qu'il leur eft permis de vendre du Vinaigre à petite mefure , en excédant pas la chopine. Copie de Requête prefentée en notre Cour le feiziéme jour de Mars 1741. par lefdits Maitres & Gardes Vinaigriers , aux fins d'ètre reçûës Parties intervenantes & opofantes audit Enregiftrement. Extrait
de production manuellement faite par les Huiffiers de notre
Cour , le vingt-huitiéme jour d'Avril 1741. requête defdits
Maitres & Gardes Chandeliers de la Ville de Rouen ; Copie
de Requête prefentée en notre Cour le dixiéme jour de May
1741. par lefdits Maitres & Gardes Vinaigriers. Ecrit fourni
en notre Cour par lefdits Maitres & Gardes Chandeliers ,
fignifié le cinquiéme jour d'Aouft audit an ; par lequel ils
ont conclu à ce qu'il plût à notre Cour , débouter lefdits
Maitres & Gardes & Communauté des Vinaigriers de leur
opofition ; ce faifant, accorder aux Maitres & Gardes Chandeliers les Conclufions qu'ils ont prifes , tendantes à omologation , & condanner lefdits Opofans aux dépens. Requête

préfentée en notre Cour le vingt-neuviéme jour de Janvier
1742. par lefdits Maitres & Gardes Chandeliers, tendante à
ce qu'il plût a notre Cour les recevoir Opofans à l'Enregiftrement des Statuts des Vinaigriers du deux de Décembre 1695.
en tant qu'ils portent le droit de vendre la Chercendre, &
le Privilége exclufif des Chandeliers, de vendre en détail le
Vinaigre & Verjus, faifant droit fur leur opofition & modification, entant que befoin, ledit Arreft maintenir &
garder lefdits Maitres Chandeliers, de vendre & debiter le
Vinaigre & Verjus à petite mefure, conformément à l'Arreft
contradictoire du quinziéme jour de Mars 1656. faire
défenfes aux Vinaigriers de détailler la Chercendre, debouter
au furplus les Vinaigriers de leur Opofition à l'Article
XXVII. des Statuts defdits Maitres Chandeliers : pronon-
cer & ordonner l'exécution dudit Article felon fa forme &
teneur avec dépens ; & pour être fait droit fur ladite Opofition, apointer en droit & joindre l'Inftance principale apointée & diftribuée au Raport du Sr le Boullenger, pour être
fait droit par un feul & même Arreft : foufcrite d'Ordonnance, viennent les Parties, fignifiée le trente dudit mois.
Ecrit de Réponfe fourni par lefdits Maitres & Gardes Chandeliers, contre lefdits Maitres & Gardes Vinaigriers, fignifié le vingtiéme jour de Juillet 1742. Acte de délibération
de la Communauté en général defdits Maitres & Gardes
Chandeliers de la Ville & Fauxbourgs de Rouen, au fujet
du Chef-d'œuvre que les Afpirans à la Maitrife de Chandelier
doivent faire : par laquelle il a été convenu que le Chef-
d'œuvre fera fait dans la maifon du Garde Comptable, &
qu'il fera par lui fourni à l'Afpirant toutes les uftanciles néceffaires *gratis*, fuivant que le tout eft au long mentionné
en icelle, en datte du troifiéme jour de May 1746, con-
trolé à Rouen le quatriéme dudit mois, par Guyard. Requête préfentée en notre Cour par lefdits Maitres & Gardes
Chandeliers le feptiéme dudit mois de May, tendante à ce
qu'il plût à notre Cour omologuer ladite Délibération arrê-
tée par leur Communauté ; ce faifant, ordonner qu'elle fera
regiftrée

149

regiftrée ès Regiftres de notre Cour , pour être exécutée
felon fa forme & teneur ; ladite Requête foufcrite d'Ordonnance , foit communiquée à notre Procureur Général. Requête prefentée en notre Cour le 30 de Juin mil fept cens
quarante-cinq par lefdits Maitres & Gardes Chandeliers ,
contre les Maitres & Gardes Apotiquaires - Epiciers - Ciriers-
Droguiftes de la Ville de Rouen , tendante à ce qu'il plût à
notre Cour , recevoir en tant que befoin lefdits Maitres &
Gardes Chandeliers Opofans à l'Article XIX. des nouveaux
Statuts defdits Marchands Apotiquaires - Droguiftes & Epiciers-Ciriers ; & à l'Arreft d'Enregiftrement d'iceux du dix-
huitiéme jour d'Avril 1742. entant qu'il porteroit contre &
au préjudice des Maitres & Gardes Chandeliers le Privilége
exclufif du debit & détail des Huiles , autres que l'Huile
d'Olive , faifant droit fur leur Opofition & modification ,
entant que befoin contre l'Arreft fufdit ; & fans avoir égard
à l'opofition de la Communauté des Epiciers-Ciriers-Apoti-
caires-Droguiftes & Confifeurs : aux Statuts des Chandeliers ,
maintenir & garder lefdits Chandeliers , de vendre & debiter les Huiles , autre que celle d'Olive , conformément aux
Réglemens & Arrefts , & notamment à celui du onziéme de
May 1701 ; accorder au furplus aufdits Maitres & Gardes
Chandeliers les conclufions qu'ils ont prifes contre la Communauté des Marchands Epiciers-Ciriers dans leurs précédentes Ecritures , aufquelles ils perfiftent , avec dépens ; & pour
être fait droit fur la prefente Opofition , apointer en droit ,
& joindre à l'Inftance principale apointée & diftribuée au Sr
le Boullenger , pour être fait droit par un feul & même Arreft : ladite Requête foufcrite d'Ordonnance , foit fignifiée ,
pour en venir fans retardation du Jugement du Procès , fignifiée ledit jour avec fommation d'Audience. Inventaire de
Production des Piéces defdits Maitres & Gardes Chandeliers ,
contre la Communauté defdits Marchands Epiciers-Ciriers ,
fignifié le deuxiéme jour de Décembre 1740. Autre Inventaire de Production des Piéces defdits Maitres & Gardes
Chandeliers , contre la Communauté des Maitres & Gardes

P p

Vinaigriers, fignifié le 20 May 1743. Autre Inventaire de production de Piéces defdits Maitres & Gardes Chandeliers, contre les Maitres & Gardes des quatre anciennes Boucheries, & de celles du vieux Marché & de Beauvoifine : fignifié le dix de Juin 1744. Production defdits Gardes & Communauté des Marchands Apoticaires-Epiciers-Ciriers ; fçavoir *Vidimus* d'aditions aux Statuts & Réglemens defdits Marchands Apoticaires-Epiciers & Marchands Epiciers-Unis de la Ville, Fauxbourgs & Banlieuë de Rouen, contenant XXVIII. Articles : enfuite eft un *Vidimus* de Lettres Patentes par eux de nous obtenuës au mois de Juillet 1741. portant confirmation d'iceux : le tout omologué & regiftré en notre Cour par Arreft du dix-neuviéme jour d'Avril 1742. Copie dudit Arreft de notre Cour du dix-neuviéme jour de Juillet 1739. ci-deffus induit : Cédule de prefentation mife au Greffe de notre Cour le deuxiéme jour de Juin audit an, par lefdits Maitres & Gardes Apoticaires-Epiciers-Ciriers. Copie de Sommation d'Audience, requête defdits Maitres & Gardes Chandeliers, du quatriéme jour de Juillet audit an. Ecrit de moyens d'Opofition, fourni en notre Cour par lefdits Maitres & Gardes Apoticaires Ciriers & Epiciers, fignifié le quatorziéme jour de May 1739. par lequel ils ont conclu, à ce qu'il plaife à notre Cour, les recevoir Opofans à l'Omologation defdits Statuts, en ce qui concerne l'Article XXVII. faifant droit fur leur Opofition, limiter & modifier leur Article. Quant à la vente de l'Huile à brûler, ordonner que les Chandeliers ne pourront la vendre & diftribuer qu'à petite mefure, & feulement pour la fubvention & befoin du Peuple, conformément à leurs Réglemens : faire défenfes d'en vendre pour autre ufage que pour brûler, fous peine de confifcation, de tous dépens, dommages & intérêts, à laquelle fin défenfes leur ferent faites d'en avoir chez eux plus d'un Baril, avec dépens du contredit. Mémoire imprimé defdits Maitres & Gardes Apotiquaires-Droguiftes-Epiciers-Ciriers, fignifié le deuxiéme jour d'Aouft 1740. Ecrit de Réponfe par eux fourni, fignifié le 28 Juin 1741. Requête par

eux prefentée à notre Cour le premier Juillet 1745. tendante à ce qu'il plût à notre Cour , fans avoir égard à l'Opofition defdits Chandeliers , leur accorder les conclufions prifes
par leurs précédentes Ecritures , foufcrite d'Ordonnance , foit
fignifiée à Parties fans retardation de Jugement du Procès ,
fignifiée ledit jour : Production defdits Maitres & Gardes
Vinaigriers : Cahier de *Vidimus* d'Articles de Statuts & Réglemens pour les Maitres Vinaigriers - Aigriers - Moutardiers-
Limonadiers-Diftilateurs & Faifeurs d'Eau-de-vie , Efprit de
vin , & autres Liqueurs compofées d'Eau-de-vie , Efprit de
vin , Grains & Fruits , en ladite Ville , Fauxbourgs & Banlieuë de Rouen , du vingt-fixiéme jour d'Octobre 1694. *Vidimus* de Sentence renduë au Bailliage de Rouen le cinquiéme jour de Novembre audit an , qui ordonne que lefdits
nouveaûx Statuts feront enregiftrez au Greffe dudit Siége , pour
être exécutez felon leur forme & teneur pendant une année,
pendant laquelle lefdits Vinaigriers - Aigriers fe pourvoiront
par - devers Nous : *Vidimus* de Lettres Patentes de nous obtenuës par lefdits Vinaigriérs , au mois d'Aouft 1695 , portant confirmation de leur Statuts. Arreft d'Enregiftrement
d'iceux du deuziéme jour de Décembre audit an. Sentence
renduë audit Siége de Bailliage de Rouen , portant Enregiftrement au Greffe dudit Siége defdites Lettres Patentes.
Extrait d'Arreft du Confeil d'Etat du dix-neuvième jour de
Juillet 1707 , portant Union des Places & Priviléges des
Marchands Limonadiers , qui auroient été établis en la Ville
de Rouen , à la Communauté des Vinaigriers de ladite Ville : *Vidimus* d'Arreft de notre Confeil d'Etat du dix-feptiéme Janvier 1730 , rendu en faveur des Marchands Chandeliers-Echopiers de ladite Ville , Fauxbourgs & Banlieuë de
Rouen , & les Maitres , & Gardes & Communauté de Vinaigriers & Limonadiers de la même Ville , Fauxbourgs &
Banlieuë de Rouen , portant fupreffion de Lettres de Bulle
délivrées & à délivrer , fous le Titre de Chandelier & Vinaigrier dans les Hautes Juftices des Fauxbourgs & Banlieué
de Rouen. Autre *Vidimus* d'Arreft du Confeil d'Etat du

troisiéme jour de Juillet mil sept cens trente & un , rendu en faveur des Marchands Chandeliers-Echopiers , &
des Maitres & Gardes & Communauté de Vinaigriers ,
qui ordonne l'exécution des Edits des mois de Novembre 1722. & Juin 1725. Ensemble de l'Arrest du Conseil
du dix-septiéme jour de Janvier 1730. Autre *Vidimus* d'Arrest du Conseil du trente-uniéme jour de Janvier 1641. rendu
en faveur des Marchands Vinaigriers-Limonadiers ; portant
défenses à toutes personnes , même au Fermier des Aydes
de la Généralité de Rouen , ses Directeurs & Commis , de
vendre ni faire vendre en détail des Eaux-de-vie & Liqueurs dans l'étenduë de ladite Ville & Fauxbourgs de
Rouen. Requête presentée en notre Cour le seiziéme jour
de Mars 1741. par les Gardes & Communauté des Vinaigriers , tendante à ce qu'il plût à notre Cour les recevoir
Paties intervenantes & Oposantes à l'Enregistrement des
Statuts des Maitres Chandeliers ; à laquelle , fin ordonner
qu'ils en auront communication , souscrite d'Ordonnance ,
viennent les Parties , signifiée ledit jour : Sommation d'Audience à leur requête du 17. dudit mois ; Cedulle de pre-
sentation par eux mise au Greffe de notre Cour le vingt-
& uniéme jour d'Avril audit an. Requête par eux presentée en notre Cour le 9 de May audit an , tendante à ce
qu'il plût à notre Cour , sans avoir égard aux diférens Arrests & Jugemens rendus en faveur de la Communauté desdits Maitres & Gardes Chandeliers , & à l'Article XXVII.
de leurs nouveaux Statuts & Lettres Patentes confirmatives dudit Article , recevoir lesdits Maitres Vinaigriers Opo-
sans à l'Enregistrement d'iceux , entant que ce qui concerne en détail la vente du Vinaigre , Verjus & Chercendre
portée par ledit Article ; ce faisant , ordonner que les Statuts desdits Vinaigriers , & Lettres Patentes confirmatives
d'iceux , des mois d'Octobre 1600. & Aoust 1695 , ensemble les Arrests du Conseil des années 1707 , 1730, 1731,
1732. & 1740. feront executez selon leur forme & teneur,
& en conséquence maintenir lesdits Vinaigriers dans le
droit

153

droit & poffeffion de vendre & debiter feuls au Public du
Vinaigre , Verjus & Chercendre dans ladite Ville , Fauxbourgs & Banlieüe de ladite Ville de Rouen ; & ce à l'exclufion de tous autres : faire défenfes aux Maitres Chandeliers de les y troubler , fous peine de tous dépens , dommages & interefts , & condamner la Communauté des Chandeliers aux dépens : ladite Requête foufcrite d'Ordonnance ,
foit fignifiée à Parties , fignifiée le dixiéme dudit mois. Copie d'Écrit de Réponfe defdits Maitres & Gardes Chandeliers
du 5 Aouft 1741. Copie collationnée par les Notaires-Secretaires de notre Cour , d'Edit du Roy Henry I V. l'un de
nos Prédéceffeurs de l'année 1606. portant création en Jurande du Métier de Vinaigrier à Rouen , pour être dorénavant & perpétuellement exercé , fuivant & conformément
aux Statuts , lequel Edit a été enregiftré en la Chambre ordonnée au tems des Vacations , le 6 Novembre audit an
1606. Autre Copie collationnée par lefdits Notaires Secretaires de notre Cour , d'Arreft du Confeil d'Etat du 10 Septembre 1607. rendu entre les Confeillers & Echevins de la
Ville de Rouen , les Maitres & Gardes du Métier de Chandelier , Tonnelier & Vinaigrier en ladite Ville , Jean Brunette , Pierre Deshayes & Jean Foffe ; qui ordonne que
lefdits Brunette , Deshayes & Foffe ; joüiront dudit Métier
de Vinaigrier-Aigrier & Moutardier , & faifeurs d'Eau-de-
vie , fuivant l'Edit de création du mois d'Octobre 1606. &
Arreft de vérification , fait deffenfes aux Confeillers Echevins
de ladite Ville , & aux Maitres & Gardes du Métier de Tonnelier , Chandelier & Vinaigrier & tous autres , de troubler
ou empêcher en la joüiffance de leursdits Métiers lefdits Brunette , Deshayes & Foffe , & autres par nous pourvûs de
Lettres en Jurande dudit Métier de Vinaigrier. Autre Copie collationnée par lefdits Notaires Secretaires de notre
Cour de la Déclaration du Roi Loüis XIII. portant confirmation
des Priviléges accordez aux Maitres Vinaigriers de Rouen.
Extrait de plufieurs fommes à nous payées depuis 1695. par
ladite Communauté des Vinaigriers de ladite Ville , Faux-

Q q

bourgs & Banlieuë de Rouen ; pour être maitenus dans les Priviléges portez par leurs Statuts. Requête prefentée en notre Cour le quatorziéme jour de Novembre 1741. par lefdits Maitres & Gardes Vinaigriers, tendante à ce qu'il plût à notre Cour leur accorder Acte de l'énoncé en icelle, & des Piéces ci-deffus énoncées, les recevoir & joindre au Procès, ordonner que le tout fera communiqué pour y fournir de Contredits, leur être accordé leurs Conclufions, lefquelles font, qu'il plaira à notre Cour, faifant droit fur leur Opofition, ordonner que dans l'Article XXVII. defdits Statuts feront rayez ces termes, fera permis aux Chandeliers de vendre le Vinaigre à petite mefure en excédant pas la chopine, fans toutes fois qu'il leur foit permis de le compofer, & feront tenus de l'acheter des Vinaigriers ou des Marchands Forains; pouront auffi vendre Verjus & Chercendre ; ce faifant, maintenir & garder lefdits Maitres Vinaigriers dans le droit exclufif de vendre les chofes ci-deffus dites avec dépens ; ladite Requête foufcrite d'Ordonnance, ait acte, foient la Requête & Piéces communiquées à Parties, pour y fournir de contredits dans le tems de l'Ordonnance fignifiée ledit jour. Extrait de production faite à leur requête par les Huiffiers de notre Cour ledit jour : Copie de ladite Requête prefentée en notre Cour par lefdits Maitres & Gardes Chandeliers, contre lefdits Maitres Vinaigriers le 30 Janvier 1742. ci-deffus induite ; Requête prefentée en notre Cour, par lefdits Maitres & Gardes Vinaigriers le douziéme jour d'Avril 1742. tendante à ce qu'il plût à notre Cour accorder acte d'icelle, le recevoir & joindre, pour valoir de réponfe à l'Imprimé des Chandeliers, pour en jugeant y avoir égard ; ce faifant, fans s'arrêter à l'Opofition defdits Chandeliers à l'Arreft du deuxiéme jour de Décembre 1695. dont ils feront déboutez ; accorder aufdits Maitres Vinaigriers leurs Conclufions précédemment prifes, foufcrite d'Ordonnance, foit fignifiée à Parties, fignifiée ledit jour : Ecrit de Replique fommaire fourni en notre Cour par lefdits Maitres & Gardes Vinaigriers, fignifié le 20 de Juillet audit an ;

Cédule de Préfentation mife au Greffe de notre Cour à leur requête, le vingt-troifiéme jour de Février 1743. Acte fait fignifier à leur requête ledit jour, par lequel ils déclarent fonder pour Procureur Jean-Jacques Lecoufté, au lieu de Maitre François Letellier : Extrait de production manuelle à leur requête le douze Juillet audit an : Acte fait fignifier à leur requête le vingt-uniéme jour de Janvier 1744. par lequel ils déclarent fonder pour Procureur Me Nicolas Marin Ponty, au lieu & pour le décès de Me Lecoufté : Copie de Mandement de notre Chancellerie obtenu par lefdits Maitres & Gardes Chandeliers ledit jour 21 Janvier, pour faire affigner en notre Cour lefdits Maitres Vinaigriers, pour conftituer Procureur au lieu & pour le décès dudit Me. Lecoufté ; enfuite eft l'Exploit d'affignation qui a été faite le premier de Février audit an aufdits Maitres Vinaigriers, à comparoir en notre Cour pour y procéder fur les fins y contenuës : Cédule de préfentation mife au Greffe de notre Cour par lefdits Maitres Vinaigriers le 7 dudit mois. Inventaire de production faite à leur requête le feiziéme jour de May audit an : Production des Sindics & Communauté des Marchands de grains & graines. *Vidimus* d'Arreft de notre Cour de Parlement du feiziéme jour de Décembre 1595, contenant le Réglement donné pour les places de grains en la Halle au bled de la Ville du Rouen, & pour le falaire des Mefureurs ordinaires de grains d'icelle & autres y mentionnez. *Vidimus* de Statuts de la Communauté des Maitres Marchands Grainiers & Grainieres de la Ville & Fauxbourgs de Paris du dix-feptiéme jour de Septembre 1694. : Cahier de *Vidimus* de Statuts, & Ordonnances & Réglemens des Marchands & Marchands privilegiez de grains & graines en gros & en détail de la Ville & Fauxbourgs de Rouen des 5 & neuviéme de Novembre 1730. *Vidimus* de Requête par eux préfentée au Lieutenant Général de Police de la Ville de Rouen du 23 Mai 1731. *Vidimus* de Lettres Patentes du mois d'Avril 1732. portant confirmation de leurs Statuts enregiftrez en notre Cour le dix-feptiéme jour de Mai audit an.

Vidimus d'Exploit fait à leur requête l'onze de Juin audit an, portant lecture & affiche desdits Statuts & Lettres Patentes contre les Pôteaux & Halles, & sur le long des Quais. *Vidimus* d'Edit du mois de Décembre 1692, portant création de plusieurs Offices en la Ville de Rouen, regiſtré en notre Cour le huitiéme jour de Janvier 1693. *Vidimus* d'Arreſt du Conſeil du ſeize de Décembre 1692 pour la vente des Offices créés par l'Edit ci-deſſus. *Vidimus* d'Edit du mois de Juillet 1693, portant création dans la Ville de Rouen par augmentation de douze Marchands privilégiez, héréditaires de Grains, & de ſoixante-dix-huit Marchands de cidre. *Vidimus* d'Arreſt du Conſeil d'Etat du troiſiéme jour de Février 1699, qui fait défenſes à tous autres qu'aux autres cent douze Marchands prvilégiez, héréditaires de Grains de la Ville & Fauxbourgs de Rouen, d'acheter dans les quatre Marchez d'Andely, Duclerc & Caudebec, des Grains pour en faire la revente. *Vidimus* d'Ordonnance de la Police de Rouen du dix-ſeptiéme jour d'Octobre 1692. *Vidimus* d'Arreſt de notre Cour du premier jour de Février 1666, qui fait défenſes aux Forains de vendre autrement qu'à la mine & au boiſſeau; avec défenſes à toutes perſonnes de faire aucuns énnarremens de Grains : Requête preſentée en notre Cour le quatorze de May 1739. par leſdits Marchands & Marchandes de Grains & Graines, tendante à ce qu'il plût à notre Cour leur accorder Acte de ce que pour moyens de leur Opoſition aux Articles XXXIII. & XXXIV. des Statuts des Chandeliers, ils employent l'énoncé en ladite Requête, ordonner que l'Article XXXIV. d'iceux Statuts ſera réformé, entant que les défenſes ou interdictions portées par icelui contre les Revendeurs & Revendereſſes de vendre des Avoines, & que leſdits Chandeliers ſeront tenus de déclarer ce qu'ils entendent par les termes de Graines & Grenailles employés dans l'Article XXXIII. de leurſdits Statuts, pour enſuite par leſdits Marchands de Grains prendre telles Concluſions qu'il apartiendra, ladite Requête ſouſcrite d'Ordonnance, ſoit ſignifiée à Parties, ſignifiée le 15

dudit

dudit mois. Copie d'Ecrit de Réponse fourni en notre Cour par lesdits Maitres & Gardes Chandeliers, signifié le vingt-septiéme jour de Juin audit an. Copie de Délibération faite par lesdits Maitres Marchands de Grains, devant Philippe Beauvais Sergent, le vingt-deux dudit mois de Juin, attestée, contrôlée à Rouen le vingt-trois. Copie non signée ni dattée, de Requête à presenter au Sieur Commissaire départi en la Généralité de Rouen, par lesdits Marchands de Grains, contre lesdits Maitres & Gardes Chandeliers. Copie des nouveaux Statuts desdits Chandeliers. Requête presentée en notre Cour le dix-neuf de Janvier 1740, par laquelle ils ont conclu, a ce qu'il plût à notre Cour ; faisant droit sur leur Opofition aux Articles XXXIII. & XXXIV. des Statuts des Chandeliers, modifier & limiter l'Article XXXIII. entant qu'il pouroit autorifer les Chandeliers à vendre les menus Grains, ensemble modifier & réformer l'Article XXXIV. entant que la défense ou interdiction portée par icelui contre les Revendeurs ou Revenderesses des Avoines, ordonner que les Edits de 1692. & 1693, & les Articles VIII, XX. & XXV. des Statuts des Marchands de Grains feront exécutez fuivant leur forme & teneur : ce faifant, faire défense aufdits Chandeliers & à tous autres, de s'immiffer ni directement ni indirectement à faire aucun Commerce de Grains de quelque efpéce que ce puiffe être ; fauf aux Chandeliers à fe renfermer dans l'achat & revente à petite mefure de toutes fortes de menuës graines & grenailles, aux termes de l'Article XXXIII. defdits Statuts : Permettre aufdits Marchands de Grains de faire lire, publier & afficher l'Arreft par tout où befoin fera, condamner la Communauté defdits Marchands ~~de Grains~~ aux dépens ; & où notre Cour feroit difficulté à le juger ainfi, il lui plaira renvoyer les Parties au Roi en explication d'iceux : ladite Requête foufcrite d'Ordonnance, foit fignifiée à Partie, fignifiée ledit jour. Ecrit de Réponfe fourni par la Communauté defdits Marchands & Marchandes de Grains, fignifiée le treiziéme de Juin 1741. Requête prefentée en notre Cour le 20

R r

de Décembre 1742. par laquelle ils ont conclu , à ce qu'il plaife à notre Cour , fans avoir égard à l'Opofition des Chandeliers , contre les Statuts defdits Marchands de Grains , & Arreft d'Omologation du cinquiéme jour de May 1738. dans laquelle ils feront déclarez non-recevables ou mal fondez , accorder aufdits Marchands de Grains les conclufions par eux prifes au Procès ; & où notre Cour y feroit difficulté , renvoyer les Parties au Roi , pour leur être fait droit fur leurs demandes & prétentions refpectives , ainfi qu'il apartiendra ; foufcrite d'Ordonnance , foit fignifiée à Parties , fignifiée le feiziéme jour de Janvier 1743. *Vidimus* d'Article des Statuts des Maitres & Maitreffes , Marchands & Marchandes Grainiers & Grainieres de la Ville de Paris , du dix-feptiéme jour de Septembre 1694. *Vidimus* d'Arreft de notre Parlement de Paris , fervant de Réglement pour la Communauté des Maitres & Maitreffes Grainiers & Grainiéres de la Ville & Fauxbourgs de Paris , contre la Communauté des Maitres Chandeliers de ladite Ville , du dix-feptiéme jour d'Aouft 1694. Copie collationnée par les Notaires de Rouen le vingt-cinq de Septembre 1737. contrôlée à Rouen ledit jour , de Procès-verbal de Saifie , faite le vingt dudit mois de Septembre , requête defdits Marchands de Grains , d'une Pouche pleine de Grains , qu'un particulier portoit , & qui fortoit chez le Sieur Chamelier Chandelier à Rouen , demeurant rue de Saint Hilaire : Requête prefentée en notre Cour le troifiéme jour de Juillet 1745. par les Maitres Marchands de Grains , tendante à ce qu'il plût à notre Cour recevoir au jugement du Procès les Piéces ci-deffus induites , pour en jugeant , fans avoir égard à la Requête & Production nouvelle des Chandeliers , accorder aufdits Marchands de Grains les conclufions par eux prifes ; & où notre Cour y feroit difficulté , renvoyer les Parties au Roi , foufcrite d'Ordonnance , foient les Requêtes & Piéces communiquées à Parties fans retardation du Jugement du Procès , attendu l'état d'icelui , fignifié ledit jour avec fommation de prendre communication de ladite Requête & Piéces ; production des Maitres & Gardes Bouchers : Copie collationnée d'Arreſt de notre Cour du vingt-troiſiéme Avril 1687. rendu entre les Maitres & Gardes Bouchers , Demandeurs en Requête du vingt-ſeptiéme Mars précédent , & ſeptiéme dudit mois d'Avril , aux fins d'être reçûs Opoſans à l'Arreſt obtenu par les Maitres & Gardes Chandeliers le vingt dudit mois de Mars , qui ordonne que l'Ordonnance rendüe en la Police générale le dixiéme de Décembre précédent ſeroit exécutée , laquelle Ordonnance fait défenſes aux Maitres Bouchers de vendre le Suif de bœuf à plus haut prix ; ſçavoir depuis Pâques juſqu'à la Touſſaint , le Suif de bœuf 19 liv. le cent , & le Suif de mouton 20 livres , & depuis la Touſſaint juſqu'à Pâques , le cent de bœuf 21 livres , & le cent de mouton 22 liv. parce que les Chandeliers ſeroient auſſi tenus du jour de ladite Ordonnance à l'avenir , de vendre de la Chandelle que ſur le prix de ſix ſols la livre , d'une part ; & leſdits Maitres & Gardes Chandeliers , d'autre part ; par lequel Arreſt nôtre Cour a reçû leſdits Bouchers Apelans ; & pour être fait droit ſur leur apel , ordonne qu'elles mettront leurs Piéces , pour le Procès communiqué à nôtre Procureur Général , être ordonné tel Réglement qu'il apartiendra , & cependant en ſera uſé entre les Parties comme auparavant le Réglement de la Police , & l'Arreſt rendu en conſéquence , à laquelle fin les Chandeliers vendront ſix ſols huit deniers. Requête en papier commun imprimée par leſdits Maitres & Gardes Bouchers , Apelans de Sentence ou Ordonnance rendüe par les Juges & Officiers de la Police les vingt-quatriéme Juillet , neuviéme Aouſt 1721. & de tous les autres intervenus en conſéquence contre les Maitres & Gardes Chandeliers Intimés , en la préſence de nôtre Procureur Général ; *Vidimus* d'Arreſt de nôtre Cour du vingt & un de Mars 1722. ſervant de Réglement pour les Savonneries , & donne par Proviſion la faculté aux Bouchers de vendre leurs Suifs auxdits Chandeliers , aux conditions y portées : Copie collationnée par les Notaires-Secretaires de nôtre Cour , de Sentence rendüe au Siége de Vicomté de

Rouen le fixiéme jour de Juin 1633. rendu entre lefdits Maitres & Gardes Chandeliers, fur l'Aprochement par eux fait de 160 liv. de Suif crû, apartenant à Denis Bert Drapier, demeurant au Pont-Saint-Pierre, ledit Bert Défendeur, & les Maitres & Gardes Bouchers ; par laquelle il eft dit à bonne Caufe ledit Apochement, & fait défenfes d'entrer aux Boucheries & Marchez, & faire achats de Suif cru ou fondu avant l'heure de dix heures, dans lequel tems les Chandeliers & Bourgeois pourront fe fournir pour leur provifion, à laquelle fin enjoint aux Bouchers d'expofer chacun jour, foit en leurs boutiques, ou aux jours de Marchez à fix heures de matin en Eté, & fept heures en Hyver leurs Suifs, pour être vendus. Autre Copie collationnée par lefdits Notaires-Secretaires de notre Cour, d'autre Sentence du dix-feptiéme jour de Janvier 1646. rendûë entre lefdits Maitres & Gardes Chandeliers, Jean Ledier Boucher & les Maitres & Gardes Bouchers, par laquelle entr'autres chofes il eft dit, pourront lefdits Chandeliers vifiter lefdits Bouchers, tant en leurs boutiques que maifons, toutesfois & quantes : Autre Copie collationnée par lefdits Notaires-Secretaires de notre Cour, de Sentence rendûë en la Vicomté de Rouen le treiziéme de Février 1659. entre Martin Flament & Pierre Boudet, Maitres Particuliers Chandeliers, Michel Boulard, Jean Ledier, & les Maitres & Gardes Chandeliers : par laquelle il eft entr'autres chofes dit à bonne caufe ledit Aprochement, ledit Ledier condamné en Amende & aux dépens. Requête prefentée en notre Cour le huit de Mars 1732. par les Maitres Bouchers, contre les Maitres & Gardes Chandeliers, pour faire remettre des Piéces aux mains du Sieur Hubert. Requête prefentée à notre Cour le dix-feptiéme jour de Mars 1741. par lefdits Maitres & Gardes Bouchers, tendante à ce qu'il plût à notre Cour les recevoir Parties intervenantes & opofantes à l'omologation des Statuts, entant que ce qui concerne les Articles XIX. XX. XXI. & XXII. pour par eux, après que la communication que les Chandeliers feront tenus de leur faire, des Statuts & Piéces y énoncés ; & qu'ils au-

ront

ront paſſé la Déclaration demandée ; être conclu ce qu'ils
aviſeront bien ; ſouſcrite d'Ordonnance , viennent les Parties , ſignifiée le dix-huit dudit mois. Autre Requête preſentée en notre Cour par leſdits Maîtres & Gardes Bouchers
le trente & uniéme Juillet 1741. par lequel ils ont conclu ,
à ce qu'il plût à notre Cour , faiſant droit ſur leur Opoſition , modifier & interprêter entant que beſoin l'Article XIX.
deſdits Statuts , en ce qu'il contient l'interdiction aux Bouchers d'expoſer leurs Suifs ailleurs que ſur leurs Etaux , ou
dans les marchez , & au dernier cas , la néceſſité d'avertir
les Gardes Chandeliers trois jours auparavant : ce faiſant ,
maintenir & autoriſer les Bouchers , ſuivant qu'il a été pratiqué par le paſſé , à expoſer leurs Suifs ſur leurs Etaux ou
dans leurs Boutiques , ou dans un des Marchez publics , ſans
qu'ils ſoient tenus dans aucuns deſdits cas , d'avertir les Gardes Chandeliers ; & au ſurplus leur accorder Acte de ce
qu'ils conſentent déclarer & faire ſavoir aux Gardes Chandeliers ; le nombre de Suif cru ou fondu qu'ils auront , &
ne pouront mettre commodément en vûë en leurs boutiques ,
& qui ſeront repoſtez ailleurs qu'en icelles , trois jours avant
que de la mettre en vente , conformément à la Sentence du
treiziéme de Février 1749. modifier & interprêter pareillement les Articles XXI. & XXII. entant qu'il eſt défendu
aux Bouchers de vendre le Suif dans leurs maiſons aux Marchands Forains , de le vendre en détail & faire paſſer aux
Etrangers ; & que ce qui concerne les viſites accordées auſdits Chandeliers par l'Article XXII. ce faiſant , maintenir les Bouchers dans le droit & faculté de vendre , ſoit en
gros ou en détail aux Forains & Etrangers , aux jours de
Marchez & après dix heures , le Suif cuit ou crû qui aura
été expoſé en vente dès le matin ſur leurs Etaux , en leurs
Boutiques ou dans les Marchez , dont ils auront fourni Déclaration aux Gardes Chandeliers , comme auſſi d'en vendre
en détail , à toujours & heures aux Bourgeois , Apoticaires-
Epiciers , Parfumeurs , Cuiſiniers , Patiſſiers , &c. & en ce
qui touche les Viſites des Chandeliers chez les Bouchers ,

S s

fes borner & reftraindre aux Suifs fondus & mêlangez, pro-
hibez par les Réglemens, fans qu'ils puiffent avoir pour
objet la qualité des Abatis crûs, le tout avec dépens ; aux
réferves des Bouchers de conclure la modification & inter-
prétation des termes, mauvaifes Graiffes, portez en l'Article XX. après que les Chandeliers auront déclaré ce qu'ils
entendent par ces termes ; & au cas qu'ils veulent fous cette
dénomination comprendre les Dégraiffages & Grenets, comme auffi d'opofer & conclure en plus outre, meme changer
leurs Conclufions s'il y échéoit, après que lefdits Chandeliers
leur auront rendu un Sac & Piéces dont ils font faifis depuis le vingt-cinquiéme jour de Mai 1722, defquelles les
Bouchers entendent pourfuivre la reftitution ; ladite Requête
foufcrite d'Ordonnance, ait Acte & foit fignifiée, fignifiée
le deuxiéme jour d'Aouft audit an. Autre Requête prefentée
en notre Cour le trente de Mars 1743. par lefdits Maitres
& Gardes Bouchers, pour fervir de Réponfe à la Requête
des Chandeliers du onziéme Janvier 1742. pour en jugeant,
y avoir égard, & leurs être accordé les Conclufions qu'ils
ont prifes, avec dépens : foufcrite d'Ordonnance, ait Acte,
& foit figtifié, fignifiée le premier jour d'Avril audit an, &
généralement tout ce que lefdites Parties ont clos, mis,
écrit & produit par devers notre Cour, Conclufions de notre Procureur Général, & oüi le Raport du Sieur le Boulenger, Confeiller-Commiffaire : Tout confidéré, NOSTRE
DITE COUR PAR SON JUGEMENT ET
ARREST, fans s'arrêter à l'Opofition des Vinaigriers
dont ils font déboutez, & ayant aucunement égard à l'O-
pofition des Chandeliers, à l'Arreft d'Enregiftrement des
Statuts des Vinaigriers du deux Décembre 1695, a ordonné que l'Article XXVII. des Statuts des Chandeliers fera
exécuté felon la forme & teneur ; & en conféquence, a
permis aufdits Chandeliers de vendre le Vinaigre à petite
mefure, ainfi que le Verjus & la Chercendre ; & au furplus
a débouté & déboute lefdits Chandeliers de leur demande
formée par leur Requête du trente Janvier 1742. entant

qu'ils prétendoient interdire aux Vinaigriers la vente de la
Chercendre ; quoi faifant , iceux Vinaigriers maintenus dans
le droit de vendre la Chercendre ; a condamné & condamne
lefd. Vinaigriers aux deux tiers des dépens envers les Chandeliers , l'autre tiers compenfé , payeront lefdits Vinaigriers huit Vacations & demie extraordinaires , & les Chandeliers une Vacation & demie : payeront lefdites Parties
le Raport & Couft du prefent Arreft à proportion ; fans
s'arrêter à l'opofition formée par les Apoticaires & Epiciers-
Ciriers , à l'Omologation des Statuts des Maitres Chandeliers , dont ils font déboutez , & ayant aucunement égard
à l'Opofition formée par les Chandeliers à l'Arreft d'Enregiftrement des Statuts des Epiciers du dix-neuviéme Avril
mil fept cens quarante-deux ; a ordonné & ordonne que
l'Article XXVII. des Statuts des Chandeliers, fera executé felon fa forme & teneur ; a condamné & condamne lefdits Apoticaires-Epiciers aux dépens envers lefdits Chandeliers : payeront auffi lefdits Apoticaires fix Vacations extraordinaires , le Raport & Couft du prefent Arreft à proportion , fans s'arrêter à l'Opofition formée par les Marchands de Grains , à l'Omologation des Articles XXXIII.
& XXXIV. des Statuts des Chandeliers , dont ils font déboutez ; & ayant aucunement égard à l'Opofition formée par
les Chandeliers aux Statuts des Marchands de Grains , à
l'Arreft d'omologation d'iceux du cinq May mil fept cens
trente-deux , a maintenu & gardé la Communauté des Chandeliers dans le droit de vendre les Pois , les Féves , Avoines , & les autres menuës Graines à petite mefure , & ce
conformément à l'Arreft du vingt-quatre Novembre mil fix
cens quatre-vingt-trois ; a condamné & condamne lefdits
Marchands de Grains aux dépens envers lefdits Chandeliers ;
payeront auffi lefdits Marchands de Grains douze Vacations
extraordinaires , & le Raport & Couft du prefent Arreft à
proportion ; faifant droit fur l'opofition des Bouchers à l'Article XIX. des Statuts des Chandeliers , a ordonné & ordonne que les Bouchers feront tenus d'expofer tous leurs

Suifs crus ou cuits dans leurs Boutiques, en lieu visible; soit sur leurs Etaux, autres que ceux sur lesquels ils exposent leurs Viandes, ou dans des Bannettes ou Bannetons; si mieux n'aiment les exposer dans les Marchez, lesquelles expositions feront faites en l'un & l'autre cas, depuis six heures du matin en Eté, & sept heures en Hyver, jusqu'à dix heures, sans que lesdits Bouchers soient tenus d'avertir les Gardes Chandeliers, parce qu'en cas que lesdits Bouchers ne puissent mettre commodément en vûë en leurs Boutiques leurs Suifs, qui seroient déposez ailleurs qu'en icelles, ou ne les exposeroient pas au Marché comme est dit ci-dessus; lesdits Bouchers feront tenus & obligez de déclarer & faire savoir aux Gardes Chandeliers le nombre de Suif crû ou cuit qu'ils auront, vingt-quatre heures avant de l'exposer en vente; & ce du consentement desdits Chandeliers, porté par leur Requête du onze Janvier mil sept cens quarante-deux : sur l'opofition à l'Article XX. les Parties envoyées hors de Cour & de Procès : sur l'Opofition à l'Article XXI, les Bouchers autorisés de vendre leurs Suifs dans leurs maisons aux Marchands Forains après dix heures, & après les avoir préalablement exposez comme dessus est dit : défenses aux Marchands Forains d'en acheter chez les Bouchers avant dix heures, & sera le surplus dudit Article XXII. les Bouchers autorisez de vendre en détail aux Bourgeois de la Ville à toujours & heures, les graisses provenantes de leurs abatis; comme aussi leur sera permis de les vendre aux Forains, Etrangers après dix heures, & après les avoir exposez comme est dit ci-dessus; sera le surplus dudit Article exécuté sans avoir égard à l'Opofition des Bouchers, a compensé les trois quarts des dépens entre les Parties, a condamné & condamne lesdits Chandeliers à un quart des dépens envers les Bouchers, payeront lesdits Chandeliers huit Vacations extraordinaires, & les Bouchers quatre, & le Raport & Coust du present Arrrest à proportion, & sur le surplus des Conclusions a mis & met les Parties hors de Cour & de Procès. SI donnons

en

en Mandement au premier des Huissiers de notre Cour de Parlement de Rouen, ou autre notre Huissier ou Sergent sur ce requis, mettre le present Arrest à dûe & entiére exécution selon sa forme & teneur, de la part desdits Maitres & Gardes Chandeliers : De ce faire te donnons pouvoir. Donné à Rouen en Parlement le quatorzieme jour de Juillet, l'An de grace mil sept cens quarante-cinq : Et de notre Régne le trente. Collationné. *Signé*, FOUET. *Et plus bas* : Par la Cour, *Signé*, LE TELLIER. Et scellé le 31 Juillet 1745.

Le present Arrest registré ès Registres du Greffe de la Police de Rouen, en exécution de la Sentence dudit Siége de ce jour 26 Aoust 1745, pour être exécuté selon sa forme & teneur:

Signé, ORMIERE.

ARREST

DE LA COUR DE PARLEMENT,

PORTANT Enregistrement des Statuts & Lettres Patentes de 1738.

Du vingt-un Aouſt 1745.

EXTRAIT DES REGISTRES
De la Cour de Parlement de Roüen.

VU PAR LA COUR, la Grand'Chambre aſſemblée, les Lettres Patentes accordées par le Roi à Paris , au mois d'Aouſt 1738. aux Marchands Chandeliers de la Ville, Fauxbourgs & Banlieuë de Rouen, par leſquelles Sa Majeſté aprouve , confirme & autoriſe les Statuts & Réglemens contenus en trente-ſept Articles : Veut Sadite Majeſté & lui plaît qu'ils ſoient gardez , obſervez & exécutez ſelon leur forme & teneur par leſdits Marchands Chandeliers , leurs Succeſſeurs & tous autres , ſans qu'il y ſoit en aucune façon contrevenu , pourvû toutefois qu'en iceux il n'y ait rien de contraire à ſes Ordonnances , ni préjudiciable à ſes droits & à ceux d'autrui , le tout ſuivant qu'il eſt plus au long contenu auſdites Lettres. Arreſt de la Cour , en datte du quatorze Juillet dernier , rendu ſur les Opoſitions formées à l'Enregiſtrement deſdites Lettres Patentes & Statuts par les Maitres & Gardes des Marchands Apoticaires-Droguiſtes-Epiciers-Ciriers

& Confiſeurs ; les Sindics Maitres & Gardes de la Communauté des Marchands de Grains ; les Maitres & Gardes des
quatre anciennes Boucheries , de celles du Vieil-Marché &
de Beauvoiſine ; & les Maitres & Gardes Vinaigriers de ladite Ville , Fauxbourgs & Banlieuë de Rouen , par lequel
ils ont été deboutez de leurſdites Opoſitions aux modification portées & mentionnées en icelui. Requête preſentée
à la Cour par leſdits Maitres & Gardes de la Communauté
deſdits Marchands Chandeliers de la Ville , Fauxbourgs &
Banlieuë de Rouen , tendante à ce qu'il lui plût ordonner
que leſdites Lettres Patentes de Confirmation de leurs Statuts feront regiſtrées ès Regiſtres de la Cour , pour être exécutez ſelon leur forme & teneur aux modifications portées
par le ſuſdit Arreſt de la Cour. Ordonnance de la Cour étant
au bas de ladite Requête , en datte du cinquiéme jour de
ce mois , portant ſoit communiqué au Procureur Général du
Roi leſdites Lettres Patentes ci-deſſus dattées , leſdits Statuts
attachez ſous le contre-Scel d'icelles : enſemble le ſuſdit Arreſt de la Cour du quatorze Juillet dernier , attaché à ladite Requête , Concluſions du Procureur Général du Roi. Et
oüi le Raport du Sieur de Graveron , Conſeiller-Commiſſaire : Tout conſidéré, LA COUR ; la Grand'Chambre aſſemblée , a ordonné & ordonne que leſdites Lettres Patentes
de Confirmation de Statuts : enſemble leſdits Statuts feront
regiſtrez ès Regiſtres de la Cour , pour être exécutez ſelon
leur forme & teneur , & joüir par les Impétrans de l'effet
& contenu d'icelles , aux modifications portées par l'Arreſt
de la Cour du quatorze Juillet dernier. A Rouen en Parlement le vingt-uniéme jour d'Aouſt mil ſept cens quarante-
cinq. *Signé* , AUZANET. Collationné , *Signé* FOUET.

Le preſent Arreſt regiſtré ès Regiſtres du Greffe de Poli-
ce de Rouen , en exécution de la Sentence dudit Siége de ce
jour vingt-ſix Aouſt mil ſept cens quarante cinq.

Signé , ORMIERE.

SENTENCE
RENDUE AU SIEGE
DE LA POLICE
DU BAILLIAGE
DE ROUEN,

PORTANT Enregiſtrement des Statuts , Lettres Patentes & Arreſt de la Cour de Parlement de Rouen en ſon Greffe.

Du vingt-ſix Aouſt 1745.

L'AN DE GRACE mil ſept cens quarante-cinq , le vingt-ſixiéme jour d'Aouſt en la Chambre de Police, en Jugement devant nous , Pierre Hynard , Conſeiller du Roi , Lieutenant Particulier , Civil & de Police au Bailliage , Ville & Vicomté de Rouen , ſur la Requête à nous preſentée par les Maitres & Gardes marchands Chandeliers

en

en cette Ville , Fauxbourgs & Banlieüe de Rouen , expofitive qu'ils ont obtenu de Sa Majefté des Lettres Patentes, données à Paris au mois d'Aouft 1738. par lefquelles elle aprouve , confirme & autorife les Statuts & Réglemens contenus aux Articles y énoncez , le tout raporté à la Cour de Parlement de Rouen , pour y être regiftrez , ce qui fait auroit été fuivant fon Arreft du 21 de ce mois , aux modifications portées en un autre Arreft du quatorze Juillet dernier , intervenu fur les Opofitions de diférentes Communautez , à l'Enregiftement defdits Statuts , lefquels ils defirent faire regiftrer au Greffe de ce Siége , ainfi que lefdites Lettres Patentes , & tout ce qui s'eft fait en conféquence : pourquoi ils demandent du confentement du Procureur du Roy , qu'il foit par nous ordonné l'Enregiftrement defdits Statuts, Lettres Patentes & Arrefts de la Cour en notre Greffe , pour être iceux exécutez felon leur forme & teneur , aux termes dudit Arreft de la Cour du 14 de Juillet dernier : à laquelle fin les autorifer de faire imprimer le tout , pour être publié & affiché par-tout où befoin fera : à ce que perfonne n'en ignore ; & pour s'y conformer fur les peines portées en iceux. Vû par nous ladite Requête fignée defdits Gardes , & de Maitre le Grand leur Procureur : lefdits Statuts du 23 Aouft 1738. Lettres Patentes renduës en conféquence le vingt-neuviéme jour dudit mois d'Aouft mil fept cens trente-huit, fcellées en queüe d'un Sceau de Cire Verte & d'un Lac de Soye rouge & verte , & contre-fcellée. Les Arrefts de la Cour des quatorze Juillet & vingt-un Aouft mil fept cens quarante-cinq , notre Ordonnance d'être le tout communiqué au Procureur du Roi, fes Conclufions en datte de ce jour ; dont du tout lecture faite , Nous avons accordé Acte aufdits Marchands Chandeliers, de la reprefentation defdits Statuts, Lettres Patentes & Arrefts de la Cour ; & ordonné qu'iceux feront regiftrez à la fuite des Prefentes fur les Regiftres de notre Greffe , pour être exécutez felon leur forme & teneur , & joüir par les Impétrans de l'effet & contenu en iceux, fous les modifications portées par

V v

ledit Arreſt de la Cour du quatorziéme de Juillet dernier, à laquelle fin leſdits Impétrans autoriſez de faire Imprimer, Lire, Publier & Afficher le tout où beſoin ſera. Fait & délivré comme deſſus. *Signés*, HYNARD, &, ORMIERES. *Et Scellé.*

PROCÉS VERBAL D'AFFICHE

deſdits *Arréts & Sentence rendus en* 1745.

JACQUES-ANTOINE LAMBERT, Premier Huiſſier du Roy, Audiencier aux Conſuls de Rouen, y reçû, & Huiſſier au Châtelet de Paris, y reçû, réſident à Rouen, y demeurant ruë des Charettes, Paroiſſe Saint Eſtienne des Tonneliers, ſouſſigné, le 28 Septembre 1745. à la requête des Sieurs Guillaume le Cointe, Thomas Chapelle, Jean-Thomas Pain, François Douard, Maitres & Gardes de l'Etat des Marchands Chandeliers de la Ville, Fauxbourgs & Banlieuë de Rouen, pour leſquels domicile eſt élû chés ledit Guillaume le Cointe, un d'iceux Garde en Charge de ladite Communauté, demeurant Ruë Martainville, Paroiſſe de Saint Maclou ; J'ay le contenu en un Arreſt de la Cour de Parlement de Roüen, en datte du 14 Juillet 1745. rendu ſur la vérification dés Statuts & Lettres Patentes entre leſdits Sieurs Requerants, les Apoticaires-Droguiſtes-Ciriers-Epiciers, lés Marchands de Grains, les Vinaigriers & les Bouchers Opoſans à l'Enregiſtrement d'icelles, par lequel Arreſt la Cour a ordonné l'exécution deſdits Statuts & Lettres Patentes rendûës en faveur de ladite Communauté, & aux modifications portées, ledit Arreſt dûëment ſigné, ſcellé & ſignifié aux Procureurs & domicile de toutes les Parties, ſedit Arreſt dûëment enregiſtré au Siége de la Police du Bailliage de Rouen, le vingt-ſix Aouſt dernier, que d'un autre Arreſt de la Cour de Parlement de Rouen, en datte du vingt & un Aouſt mil ſept cens quarante-cinq,

portant Enregiftrement des Statuts & Lettres Patentes de mil
fept cens trente-huit, en faveur defdits Sieurs Marchands
Chandeliers, & ordonne que lefdites Lettres Patentes de Confirmation de Statuts ; enfemble lefdits Statuts, feront regiftrés és Regiftres de la Cour, pour être exécutés felon leur
forme & teneur, & joüir par les Impetrans de l'effet & contenu d'icelles, aux modifications portées par l'Arreft de la
Cour du quatorze Juillet dernier, auffi dûement figné fcel-
lé, y recours, que d'une Sentence rendüe au Siége de
la Police du Bailliage de Rouen : Sur la Requête prefentée
en icelle par lefdits Sieurs Requerans, par laquelle fur les
Conclufions de Monfieur le Procureur du Roy dudit Siége, a
été accordé Acte aufdits Marchands Chandeliers de la reprefentation defdits Statuts, Lettres Patentes & Arreft de la
Cour, & ordonné qu'iceux feront regiftrez à la fuite des
Prefentes fur les Regiftres du Greffe, pour être exécutez felon leur forme & teneur, & jouir par les Impétrans de
l'effet & contenu en iceux, fous les modifications portées
par ledit Arreft de la Cour du 14 Juillet dernier, à laquelle
fin lefdits Impétrans autorifez de faire imprimer, lire, publier
& afficher le tout où befoin fera, ladite Sentence en datte
du vingt fix Aouft dernier, dûëment fignée & fcellée ; &
pour l'exécution des Piéces devant dattées & énoncées, lefdits Srs Requerans ont fait imprimer par Placard tout ce que
deffus, & iceux faits par moi afficher : lefdits Placards, dont
trois fur papier timbré, dans la Cour du Parlement, à la
porte principale de la Cour des Comptes, Aides & Finan-
ces de Normandie, de la porte du Prétoire du Bailliage de
Rouen, & les autres par tous les Carrefours & Places Publiques
de cette Ville de Rouen, & notamment en la Place de la
Bourfe & porte des Quais, afin qu'il n'en foit prétendu
caufe d'ignorance, dont du tout ce que deffus, j'ay fait &
dreffé le prefent Procès Verbal, pour valoir & fervir à telle
fin que de raifon, par moi Huiffier, fouffigné. L A M B E R T.

Contrôlé a Roüen le premier Octobre 1745. Reçû 9 f.
6 d. *Signé*, FOUCHER.

PROCÈS VERBAL concernant les motifs du Chef-d'œuvre de la Communauté des Marchands Chandeliers, arrêté dans la Salle de ladite Communauté, lieu de leurs Assemblées ordinaires, en presence de M. le Lieutenant Général de Police, M. le Procureur du Roy & des Maitres & Gardes qui ont signé.

Du sixiéme Octobre mil sept quarante cinq.

DU Mercredi sixiéme jour d'Octobre mil sept cens quarante-cinq, sur le midi : Nous PIERRE HYNARD, Conseiller du Roy, Lieutenant Particulier, Civil & de Police au Bailliage, Siége Présidial, Ville & Vicomté de Rouen, en la presence du Procureur du Roi, & assisté de Me Jean-Hyacinthe Ormiere, Greffier audit Siége de Police, en exécution de notre Ordonnance en datte du jour d'hier, nous nous sommes transportez à la Sale de ladite Communauté, scise dans la Sale de la Madeléne, où la Communauté s'assemble ordinairement pour ses affaires, dans laquelle Sale nous avons trouvé tous les Maitres qui la composent assemblés, avons fait faire lecture de la Délibération de ladite Communauté du vingtiéme jour de Septembre dernier, contrôlée le même jour ; par laquelle il a été délibéré d'une voix unanime que le Chef-d'œuvre des Aspirans sera fait dans la Maison du Garde Comptable, lequel sera tenu de fournir audit Aspirant *gratis* toutes les Ustenciles nécessaires, que lesdits Aspirans se fourniroient de deux cens livres de Suif en branche de Bœuf & Mouton, les fonderoient & cuiroient au dégré nécessaire, pour faire de la Chandelle bonne, loyalle & marchande, qu'ils se fourniroient de fils de coton & de lin, & en feroient de la méche, pour en faire la Chandelle qui leur seroit indiquée par les Maitres qui s'y trouveront ; que lesdits Aspirans feroient quatre broches de Chandelle des espéces qui leur seroient données à faire, qui

seron

173

feront juftes de poids , fans la pouvoir récencer , & telles
que les Maitres les vendent dans leurs Boutiques , fuivant le
prix de la Police : le Suif reftant dudit Chef - d'œuvre ; de-
meureroit au bénéfice des Afpirans , & les Chandelles qui
feroient faites par lefdits Afpirans, feroient données aux Hôpitaux de cette Ville ; & qu'au furplus que les Articles VI.
& XIV. des Statuts de ladite Communauté feroient exécutez felon leur forme & teneur , & fans y déroger ; après
laquelle lecture bien & lifiblement faite aufdits Maitres Chandeliers préfens & affemblés , a été par eux déclaré qu'ils ap-
prouvent & ratifient le Chef-d'œuvre porté en ladite Délibération , fous les réferves portées aufdits Articles VI. & XIV.
des Statuts nouveaux , par eux obtenus de Sa Majefté , &
homologuez en notre Siége : fi ce n'eft qu'ils nous fuplient
de vouloir bien leur accorder acte de ce que d'une voix unanime ils délibérent que les Afpirans feront tenus de fe fournir de trois cens de Suif en branche de Bœuf & Mouton ,
pour faire leur Chef-d'œuvre ; attendu que les deux cens de
Suif portés en ladite Délibération du 20 Septembre dernier,
ne font pas fuffifant ; ce qui a été par nous accordé , & ont
tous figné à la Minute des Prefentes après lecture faite.

Signez , Pierre Querrey , G. Bertin , Pain , J. Guifier ,
J. le Flament, Nicolas Renault , Pierre Milton , J. B. Blan-
chard , L. Defloges , P. Doudet , N. Jame , P. Molé , Gail-
lard , P. Hullard , le Févre , Tardif, Bertin fils , J. Soulage,
Robert le Flament , J. B. Jame , J. Rouffel, P. le Flament,
J. Quefné , G. Flament , Feuquieres , N. Voifin , J. Doudet ,
Louis-Romain Trugard , R. Thierry , J. Bouft , Jean-Martin
de Deffus lamare , N. Herfent , J. Marc , J. Berthelot , P.
Auvray, Quimbel , A. Michel , A. Dubofc , Taffel , G. Duval ,
G. N. Dubofc , G. Langlois , N. Pain , A. Goubert , G. Pain,
C. Mouton , Guillaume le Cointe , Garde ancien année pré-
fente , Thomas Chapelle Garde , Jean-Thomas Pain Garde,
François Douard Garde , E. le Prevoft , Prevôt de ladite
Communauté. HYNARD, LE ROY & ORMIERES,
Avec paraphes. Et collationné.

X x

SENTENCE
RENDUE AU SIEGE
DE LA POLICE
DU BAILLIAGE
DE ROUEN,

Qui ordonne que le Chef-d'œuvre des Aspirans à la Maitrise de Marchand Chandelier en cette Ville, fera fait à l'avenir dans la Maison du Garde Comptable, lequel fera tenu de fournir aud. Aspirant *gratis* toutes les Uftenciles néceffaires pour ledit Chef-d'œuvre, & que lefdits Aspirans feront tenus de fe fournir à ce trois cens de Suif en branche de Bœuf & Mouton, &c.

Du vingt-fix Octobre 1745

L'AN de Grace mil fept cens quarante-cinq, le vingt-fixiéme Octobre en la Chambre de Police, devant Monfieur Hynard ; Sur la Requête à Nous prefentée par les Maîtres & Gardes Marchands Chandeliers de cette Ville, Fauxbourgs & Banlieuë de Roüen ; Expofitive que quoiqu'ils

aÿent obtenu de Sa Majefté des Lettrés confirmatives des
Statuts de leur Communauté dûëment regiftrés en la Cour
de Parlement & en ce Siége , ils ont obmis d'y employer
la forme & les folemnités des Chefs-d'œuvres à faire par
ceux qui afpireront à fe faire recevoir Maîtres de leur Communauté par Chefs-d'œuvres , que cependant la formalité des
Chefs-d'œuvres defdits Afpirans eft l'Article qui doit le plus
interreffer le Public , puifque les Gardes & les Maîtres ne
pouroient point fans cela connoître la capacité des Afpirans,
ce qui les auroit engagés de convoquer une Affemblée de ladite Communauté , aux fins de régler ledit Chef-d'œuvre , &
comme dans ladite Affemblée tous les Maîtres ne s'y font
point trouvés , & qu'il n'a point été poffible d'en régler
entr'eux diffinitivement ledit Chef-d'œuvre , ils ont été obligez de Nous prefenter leur Requête , tendante à faire affem-
bler ladite Communauté en nôtre prefence & celle du Procureur du Roy , pour éviter les conteftations & avoir le confentement unanime de tous les Maïtres , qu'en exécution de
cette Requête foufcrite de nôtre Ordonnance , & aprés convocation faite de l'Affemblée de ladite Communauté , Nous
nous fommes tranfportez en icelle le feiziéme jour de ce mois ,
où tous les Maîtres ont unanimement donné un Chef-d'œuvre avec les folemnités qui doivent le précéder ; enforte
qu'il ne manque plus que l'omologation de ladite Délibération en nôtre Greffe , aux fins de s'y conformer par la fuite
fous telle réferve & telle peine qu'il plairoit au Siége d'ar-
bitrer. Vû par nous ladite Requête fignée defdits Gardes
Chandeliers , & de Maître le Grand leur Procureur , ladite
Délibération , nôtre Procès verbal de tranfport , l'Affemblée
de ladite Communauté , dans lequel eft référé le Chef-d'œuvre adopté par icelle, nôtre Ordonnance de foit communiqué au Procureur du Roy , fes Conclufions , le tout en
datte des cinq & fix de ce mois, dont du tout lecture faite.
IL EST DIT ,. que le Chef-d'œuvre des Afpirans à la Maîtrife des Marchands Chandeliers en cette Ville , fera fait à
l'avenir dans la maifon du Garde comptable , lequel fera te-

nu de fournir audit Aſpirant *gratis*, tous les uſtencilles néceſſaires pour ledit Chef-d'œuvre, que leſdits Aſpirans feront tenus de ſe fournir à ce trois Cens de Suif en Branche
de bœuf & de mouton, les fonderont & cuiront au degré
néceſſaire pour faire la Chandelle bonne, loyale & marchande, qu'ils ſe fourniront pareillement ſuffiſamment de fil de
Cotton & de Lin, & en feront des méches pour en faire
les Chandelles qui leur feront indiquées par les Maîtres qui
ſe trouveront audit Chef-d'œuvre ; que leſdits Aſpirans feront quatre broches de Chandelles des eſpéces qui leur feront
données à faire, leſquelles ſans les pouvoir récenſer, feront
juſtes de poids, & telles que les Maîtres les vendent dans
leurs boutiques, ſuivant le prix fixé par nos Ordonnances,
que les Suifs reſtans dudit Chef-d'œuvre feront & demeureront au bénéfice des Aſpirans, & les Chandelles faites par
iceux feront données aux Hôpitaux de cette Ville, & au ſurplus feront les Articles V I. & X I V. des derniers Statuts de
ladite Communauté, homologués en la Cour & en ce Siége,
exécutés ſelon leur forme & teneur, & ſans y déroger, à
laquelle fin la preſente ſera lûë dans une Aſſemblée de ladite
Communauté, qui ſera convoquée à cet effet, & inſcri-
te ſur le Regiſtre d'icelle : Pourquoy mandé au premier
Huiſſier ou Sergent Royal, ces preſentes exécuter de la part
deſdits Gardes. Fait comme deſſus, Signé, H Y N A R D
& ORMIERES. Scellé à Roüen le 8 Novembre 1745.
    Signé, F O U C H E R.

La preſente Sentence & Procès- verbal ont été lus en plei-
ne Aſſemblée de la Communauté, preſence de tous les Maitres;
& enregiſtrez ſur le Livre des Délibérations. A Rouen ce
15 Novembre 1745.

www.ingramcontent.com/pod-product-compliance
Ingram Content Group UK Ltd.
Pitfield, Milton Keynes, MK11 3LW, UK
UKHW021929070726
13614UKWH00001B/327